怪談奇聞

憑キ纏イ

小田イ輔

竹書房
怪談
文庫

目次

凍った靴　8
飲み屋街にて　12
かわいそうな煙　17
気付き気付かれ　21
形見分け　25

そういう皿　32
花火と巨人と白装束　38
タヌキの施し　42
公園の残像　46
化け痕　51
死んだら家族　57
無事を願う　62
お盆の花火　67

足音 71
庭様 74
祖父の書き置き 81
廃屋の来歴 85
体は反応した 88
人魂の子供 96
悔しい初体験 102
先入観と仮説 109

河原の彼 114
フタを開けたら 119
ピヨ介の遺棄 125
浮遊体C 129
アベ? 135
スキー場 139
ケーキの味 142
なんやろねえ? 147

あの娘の思い出 151
生まれてから忘れる 155
ぴっぴとキン消し 156
たぶん金縛り 162
いないけどいる 166
団地にて 170
便所の薔薇 176
謝 180

しましま 186
開かずの間とウサギの人形 192
格上げ 196
ピカピカな子供 201
憑き纏い 205
あとがき 220

凍った靴

それには、決まって夏に出会うのだとSは言う。


「一番最初は、中学の夏休みだな」

自転車を漕いで塾の夏期講習に向かう途中、よそ見をしていて何かを轢《ひ》いた。

そのせいでバランスを崩し転倒した彼は、一体何に乗り上げたのかと周囲を見回す。

傍《かたわ》らに転がっていたのは、大人用と思しき運動靴。

腹立ちまぎれに蹴飛ばしたのだが、ビクともしない。

なぜだろうと観察すると、靴は路面にへばりつくように凍っていた。

「触ってみると冷たくて、ちゃんと凍ってんだよ」

真夏の炎天下、氷などものの数分で溶けそうなもの。

「おかしいなとは感じたけど」

不可解ではある、が、だからといって何ということもない。

Sは自転車を起こし、塾へ向かった。


「次は高校生の時、確か二年の夏」

友人数人と防波堤で投げ釣りをしていた時だった。

釣り糸を垂《た》らしてからしばらく「おい！」という声に顔をあげると、防波堤の先端で友人の一人が手を振っている。

どうした？　と駆け寄ったSが目にしたのは、海に向かって揃えられている女ものの靴。

——自殺じゃねぇよな？

と言う友人の声を尻目に、Sはその靴に触れてみた。

「見た目からして霜《しも》が降りたようになってたもんでな、実際カチカチに凍ってたわ」

そういえば何年か前にも真夏に凍った靴を見たことがあったな、と思いつつも、あまりに掴《つか》みどころがなく、なんの判断も下せない。

「そりゃおかしいよ、真夏の真っ昼間に、コンクリートの上で凍ってるんだから」

しかし、考えてみればただそれだけのこと。

結局、彼らはその靴を無視し、夕方まで釣りを続けた。


「大学の時にもあった」

八月の朝、住んでいたアパートの階段に、キンキンに凍った紳士靴。

踏んづけていたら危ないところ、あからさまに置かれていたので直《す》ぐに気付いた。

「いや、こういうことって、普通にあるのかなとか」

自分の靴ではないのだし、バイトにも行かなければならない。

他の住人が足を取られなければいいなと考えながら、放置した。

「帰ってきたら無くなってた、まぁ凍ってなかったとしても位置的に危なかったからな」


社会人になって十数年、その間も、真夏になると断続的に凍った靴が現れた。

「いや、別に感想なんてねぇよ、ホント、どうでもいいんだけど」

記憶に残っているのだから、それが異常な出来事であることはわかっている。

ただ、関連して何かあったわけでも、自分の靴が凍ったわけでもない。

そこまで突飛でもない妙なモノを、たまたま、何度も見かけているだけ。

「お前が『不思議な話ないか?』って訊《き》くから話したまで、不思議だろ?」

次に見かけた時は写真を撮ってくれと頼むと「なんでそんなもん写真に撮らなくちゃならねぇんだよ」と、嫌がられた。

飲み屋街にて

E氏は一人、ひと気のない田舎の飲み屋街を歩いていた。

「コロナの影響で店が一軒も開いてないんだよ」

時刻は二十二時を過ぎた頃、以前ならまだまだ賑わっていたであろう時間帯。

「閑散としてるなんてもんじゃない、誰も歩いてないんだもん」

車での一人旅、立ち寄った町でちょっと一杯という気持ちだった。

「皆が出控えてるうちに、空《す》いてる観光地を巡ろうってんで有給取ったわけだから、まぁ期待はしてなかったけど、地方でもこんなかぁって」

やや気落ちしながら、どこか開いてる店はないものかと夜道を進む。

「いやホント、心配になるぐらい、どっこもやってない」

諦めてホテルに戻り、部屋で缶ビールでも開けようかと思った矢先のこと。

――アハハ　アハハハハハ。

聞こえてきたのはイイ感じに酔っぱらっているような笑い声。

目を向けると、グダグダになった中年の三人組が、もたれ合いながら歩いて来る。

「おや、と思った。酔っぱらってるってことは、この先どこか店が開いてんのかなって」

賑やかに笑い合う三人組とすれ違いつつ、店の明かりを探す。

しかし目に入るのは暖簾《のれん》のかかっていない小料理屋や、寂《さび》しく佇《たたず》む無灯の立て看板のみ。

チェーンの居酒屋すら、早い時間で店じまいを済ませたようだった。

「じゃあさっきの三人組はどこで酔っ払ったんだろうなと」

地元の人間だけが知る、秘密の店でもあるのだろうか？

諦めきれず、それらしき雑居ビルなど方々を探ってみたが、人の気配はない。

羽虫にまとわりつかれた街灯の光を見上げ、やっぱりホテルに戻ろうと踵《きびす》を返した。

――アハハ　アハハハハハ。

陽気な笑い声の主は、またしてもさっきの三人組。

酔って道を間違えた？　それともどこかで飲み直すつもり？

再びすれ違いながら、E氏は考える。

「飲み直すつもりなら、連中の後を付いて行けば開いている店に辿《たど》り着くんじゃないかって閃《ひらめ》いたんだよ」

意を決し振り返るも、既に彼らの姿はない。

路地に入ったのかと、小走りで追いかけた先、やはり彼らは見当たらない。すれ違ってから三十秒ほど、千鳥足《ちどりあし》の中年三人にしてはやけに動きが速いように思われ、不思議な気持ちで辺りを見回す。

——アハハ　アハハハハ。

彼らのものであろう笑い声が、静まり返った通りに響く。

「あれ？　と思った、ずいぶん離れたところから響いたように聞こえたから」

キツネにつままれたような気持ちで路地を抜けたが、右を向いても左を向いても、やはり彼らの姿はない。

「いや、俺は一滴も酒飲んでなかったからさ、なんだこれおかしいなって、一旦抜けた路地を引き返し始めた時だった」

——アハハ　アハハハハ。

E氏の真後ろから聞こえる、例の笑い声。

「その時初めてゾクっとしたよ、位置関係がおかしいんだ。だって、さっき右左確認した時は人影すらなかったんだから。誰もいなかったからこそ引き返したんであって、見落としとかあり得ねぇんだって」

笑い声がすぐ後ろから聞こえた以上、振り返れば例の三人組がそこにいるのだろう。

「確認したくなかった、奴らがいてもいなくても絶対変なんだから」

E氏は振り向くことなく、そのまま全力で駆け出した。

そもそも、店の開いていない繁華街で酔っ払いとすれ違うこと自体が妙なのだ。

思い返せば笑い声も、毎度毎度同じテンション、同じ調子。

その上、まるでワープでもするように移動してくるのだからたまらない。

「考えてみれば怪しいことしかないんだよな。思いっきり走って飲み屋街を抜けて、流しのタクシーに飛び乗ったよ」

運転手の言うところでは、県が出した緊急事態宣言以降、近隣の飲み屋は二十時以降の営業を行っていないとのことだった。

「なんだったのかわかんないけどさ、町場であってもひと気のない時ってのは気をつけなきゃいけねぇなと思ったわ」

この一件があったため、予定を前倒してE氏は帰途についたそうだ。

かわいそうな煙

V氏は付き合っていた彼女を自宅マンションに招いていた。

二人で夕食を作って食べ、のんびりダラダラ、穏やかな時間を過ごすつもりだった。

実際、はじめのうちは楽しい時間を共有していたという。


「最初はさ『何か変なとこ見てんな』って、思うぐらいだったんだけど」

話している最中、不意に視線を動かす彼女。

つられてV氏もその方向を見るのだが、何もない。

「『どうしたの？』ってても『ううん』みたいに曖昧《あいまい》な返事しかなくてさ」

小さな虫でも入り込んでいるのだろうか？　部屋を見回してもV氏にはわからない。

務めて明るく振る舞っていた彼も、やがて、どうも様子がおかしいと感じはじめた。

「動揺っていうか、時々、怖いモノでも見ているように怯えた顔するんだよ」

体調でも悪いのかと心配になり、並んでソファに腰をかける。

すると、V氏にもたれかかった彼女が「ねぇ、この部屋、何かある？」と呟《つぶや》く。

「どういうこと？　って思うじゃない」

質問の真意を問うように怪訝《けげん》な顔を向けたV氏に、彼女が続ける。

――幽霊とか、お化けとか、出ないよね？

もちろん幽霊も妖怪も出ない、何の曰《いわ》くもない新築マンションなのだから。

「そしたらさ」

彼女は「じゃあ、アレなんだろう？」とリビングの入口を指差す。

けれど指し示す付近には、何もない。

「急なアレだったんで、俺もちょっとビビっちゃって」

何か見えるのかと問うと、彼女は頷《うなず》きながら言う。

――さっきから、黒い煙みたいなのがウロウロしてる。

言われたところで、見えないモノは見えない、が。

「どうもね、俺も、なんだかちょっと引っ掛かってて」

彼女によると、黒い煙はリビングのドア付近を行ったり来たりしており、時に思い切ったように、ぐぐっと二人に寄って来ては、すぐに引き下がるを繰り返しているらしい。当初は気のせいかと思っていたが、その動きから妙な人間臭さを感じ取り、あるいはとの思いでV氏に訊《たず》ねたとのこと。

「彼女、別に霊感持ちとかじゃないんだ、妙なモノが見えるなんて一言も言ったことなかったし、それは結婚した今でもそうなんだけど……」

ただその晩に限り、V氏には心当たりがあった、部屋にではない、自分自身に。

「俺さ、その日の昼、二股かけてた女と別れたばっかりだったんだよね」

かなり拗《こじ》れた関係を、強引に終わらせたらしい。

「まぁ、うん、酷い別れ方だった」

故に、彼女から黒い煙の話を聞いた瞬間「うわ」と、ある確信が頭をよぎった。

「それ、別れた女の何かだなって」

生霊《いきりょう》、怨念、執着の具現化、そういった類の、何か。

「やべぇな、どうすっかなと、思ってたら」

さっきまで怯えるようにしていた彼女が、ぽつりと言った。

——なんだか、かわいそうな感じがする。

「俺、それ聞いて二重の意味でゾワっとして」

V氏は慌てて立ち上がり、笑いながらリビングのドアを開け閉めし、それ以外の部屋も一通り見回りながら「大丈夫大丈夫、何も無いよ」と、明るい声色でおどけてみせた。

「いやぁ、あん時の顔、忘れられねぇ、アイツ、俺をじっと見ててさぁ」

何もかも諦めた上、全てを見透かしてくるような表情。

それは昼間、関係を切った女性の、別れ際の顔にそっくりだった。

「なにか察してたのかもな、もちろん確認するようなことはしてないけど」

その後、ぐったり疲れたようになった彼女は「寝る」とだけ言って寝室に入った。

「俺は寝れなかった、ベッドにも入れなかったな」

二人が結婚して十数年、この話は、夫婦間でこれまで一度も話題に上っていないそうだ。

気付き気付かれ

W氏の勤めている会社は、道路を挟んで、五階建ての団地と向き合っている。

その団地の四階、角部屋のベランダに、妙なモノが見えるという。

「長い黒髪が生えたマネキンみたいなやつ、部屋覗《のぞ》き込むようにして立ってんの」

いつごろからか定かではない、気が付いたらそうなっており、嫌な感じだなと思いながら、毎日なんとなく眺めていた。

「なんであんなモンあるんだろうなって。気味悪いよね、人間の形してんだから」

部屋の住人がどういう人物なのか知らないが、あまり良い趣味とは言えない。

どういう理由があるのだろうと、ぼんやり考えたこともあったが、当然わからない。

「俺もさ、別に気にしなけりゃいいのに、つい見ちゃうんだよ」

ある日のこと、W氏は外階段の踊り場でタバコを吸っていた。

その位置からは、例の部屋がよく見える。

つまりマネキン様《よう》のそれも、丸見えである。

「いつものように、なんとなく眺めてたら、落ちたんだよね、マネキン野郎」

まるで人間のように動き、ベランダに足をかけ、飛び降りたように見えた。

てっきりマネキンだとばかり思っていたが、あれ人間だったのか？

一瞬、そんなことを思ってしまうほど、自然な動きだった。

「いやいや、だって服も着てないし、髪は長いけど男か女かもわからんし。夏だろうが冬だろうがベランダに突っ立ってたわけでね、そんなの人なわけないいじゃない」

ならどうして今、ベランダから落下していったのだろう。

誰かが落としたわけでも、風に煽《あお》られたようでもない。

確かに動いて、自ら落ちて行ったのを目撃したのは、自分自身。

「まぁ、呆気《あっけ》にとられたというか、色んなこと考えたよね」

そういえば、落下地点に人がいたりしなかっただろうか、直撃したら危険だ。

目にした状況に首を突っ込むべきかどうか、少し考えた末、W氏は仕事に戻った。

誰かが巻き込まれたりしていれば、間を置かず救急車など呼ばれるだろう。そうでなくとも、あんなものが落ちた以上、多少の騒ぎにはなるはずだ。どうあれ、巻き込まれるのは面倒だった、自分はただ見ていただけなのだから。

結局、救急車も来なければ、騒ぎにもならなかった。

「そのあと小一時間ぐらいしてまたタバコ吸いに行ったら、元通りベランダに立ってるんだよ、あいつ」

いつもと同じように、部屋の中を覗き見るような形で、立っている。

部屋の住人が拾ってきたのだろうか？　普通に考えてそれ以外ないが、四階から落ちたにしては、どこにもダメージの痕跡がない。

「腕とか足とか、折れてたりしそうなもんだろ、四階から落ちたんだから」

いや、そもそも、本当に落下したのだろうか。

どう考えても人形であるそれが、一人で動いて飛び降りるわけがない。

団地までは距離にして五十メートルほど、そういえば落下音も聞こえなかった。

であれば、やはり見間違いか、幻覚か。

「とか考えてたら、部署の若いのがタバコ吸いにきたからさ」

——おい、あれ見えるか？　なんだろうな、あれ。

と言って、例のベランダを指差すも、反応が悪い。

「同じ会社で働いてて、同じ場所でタバコ吸ってるんだから、多少は気にしてるだろうと思ったんだけど『どれですか？　なんのことですか？』って、そんな感じでよ」

おや、おかしいな、と思い、別なタイミングで他の同僚たちにも確認してみたところで結果は同じ、誰一人としてマネキンのようなそれが見えるとは言わなかった。

「俺にしか見えないの？　どういうこと？　ってなるよな、うん。でもどうしようもないっていうか、関係ないからな、見てるしかないわけなんだが」

以来、部屋の方ばかり向いていたソレが、時々、W氏の方を向くようになった。

多少の距離があるとはいえ、やはりそれはマネキンのようにしか見えない。

ではなぜ、他の人間には見えないのか。

「ただ見てただけとはいえ、なんか変なことに気付いちゃったのかもなって、後悔はしてる。こうなったら、あとは全力で無視するだけだな」

今のところ、それは時々こちらに向くだけで、実害はないそうだ。

形見分け

C君には小学校時代から付き合いのある親友が四人いた。

お互いが同じ中学、高校へ進み、大学生になっても事あるごとに集まった仲。

その内の一人、A君が亡くなったのは今から三年前のこと。

「突然死ってやつでした、発見された時にはアパートで冷たくなっていたそうで」

四人で訪れた葬儀の会場、がっくりと肩を落とすA君の両親にお悔やみの言葉を述べると、父親が俯《うつむ》きながら、言葉もなく手を握ってきた。

「Aの親父とは付き合いも長いし、子供の頃、よくキャンプや釣りに連れて行ってもらってたので、もう殆《ほとん》ど身内みたいな感覚だったから、ほんとやるせなかったです」

社会人になって三年、いつかそういう日が来るんだろうなどと話したことはあった。しかし、それにしても早すぎる死を、誰もが受け止めきれずにいた。

葬儀からしばらくして、四十九日の法要に顔を出した四人は、その場でA君の父親から、ある提案を受けた。

「形見分けをしたいとのことでした。Aが生前使っていた物品を、仲の良かった俺らに持っていて欲しいってことで。まぁ、断る理由はないから」

馴染み深いA君の実家を訪れると亡くなったアパートから持ち出された荷物が、ダンボール箱に入れられたまま山積みになっていた。

いちいちひっくり返して中を改めるのも気が引け、どうしたものか戸惑っていた四人に、A君の父親が一人ずつ一品、形見の品を選んでくれたという。

「それぞれ、けっこう高価な時計とか、アクセサリーとか、基本身に着けるものを手渡されました『Aのことを忘れないで欲しい』って、そんなもん貰《もら》わなくたって、忘れるわけないんですけどね」

それから一年の間、残された四人は散々だった。

「とにかくろくでもないことが相次いで、中には死にかけた奴もいました」

大きなものだけでも交通事故、職場での大怪我、手術が必要な病気、火災、などなど、ちょっと考えられないぐらいの不幸がまとまって降りかかり、これはおかしいぞという話になったのは年末のこと。

「年明け、一月がAの一周忌にあたっていたのもあって、何と言うか……」

――Aが、自分たちをあの世から引っ張っているのではないか？

考えたくはなかったが、四人が四人とも、薄っすら、そのセンを疑っていた。

「どう考えても異常だったんですよ、その年の俺ら。誰か一人っていうならまだしも。四人全員が一生に一度、あるかないかぐらいの不運に見舞われていたので」

――そんなことあるだろうか？　いやしかし。

生前のA君の人柄を思えば、あり得ようはずもない嫌疑、話し合いの場は紛糾した。

※

「いくらなんでもなぁ」

「絶対おかしいだろ、ここにいる全員、なんだかんだ死にかけてんだから」

「でも、死んだからつって、Ａの奴がそんなことする？」

「恨まれるような覚えはないしな」

「いや、死んだからだろ、あっちで一人暇してんだよ、だから」

「暇って」

「まぁ、羨ましくなったみたいな？」

「うん、アイツは死んで、俺らは生きてるわけで、そりゃ羨ましいだろな」

「形見も、立派なの貰っちゃったしね」

「あぁ、そう言えば、俺、事故の時つけてたわ、Ａの時計」

「俺も、ネックレス、労災の時」

「俺も倒れた時つけてた、指輪」

「俺、今もつけてる、ほら」

※

「そんで結局、一周忌が終わったら、とりあえず形見は処分しようってことになりました」

それがA君の仕業なのかどうか、もちろん判断はつけられないが、形見を持っていることで、彼への嫌疑が生じ続けてしまうのを避けたかったのだとC君は言う。


一周忌法要には、四人とも形見を身に着けて出席。

いくらか落ち着いた様子の父親は、彼らのはからいに気付き、目を細めていた。

「その後、俺らは神社に行って拝んでもらいました、Aの両親には内緒で」

罪悪感のような気持ちはあった、しかしどうあれ不幸続きの四人組である、A君の存在を差し引いても、厄払いの祈願ぐらいはしておきたかった。

「いいえ、神主にはAのことは伏せていました、名前出したからどうなるってものでもないでしょうし、Aが祟ってるのかどうかもわかんないし」

神社を後にした四人は、その足で海へ。

「手を合わせながら、貰った形見をそれぞれ海へ放ったんです」

どうあれ、A君のことを忘れることは絶対にない、彼等の関係性からいえば、形見などその程度のもの。

「で、解散して家に帰ったんですけど」

その夜、電話がかかって来た。

スマホの着信画面に表示されたのは「Aオヤジ」の文字。

なんだろうと思いつつ、C君は電話に出た。

「『どうした?』って、いきなりそんなこと言われて」

突然なんだろう? 意味が解らない。

「声は確かにAの親父なんですけど、ちょっとおかしいトーンで」

数秒の沈黙、どうしたはこっちのセリフである。

「そしたら『形見、どうした?』って」

言葉に詰まり、C君は生唾を飲み込む。

「黙ってたら『今度取りに来なさい、他にも、まだあるから』と」

その言葉と共に、電話は切れた。

「形見を海に放ったこと、Aの親父が知ってるわけないいんで」

直後にメッセージアプリで確認したところ、他の三人にも同じ電話があったとのこと。

「そうですね、だからやっぱり、Aではなかったんだなってのが、俺らの結論です」

以降、四人はA君の両親と顔を合わせないようにしている。

形見の品を手放してから二年、彼らに大きな不幸は生じていない。

「自分の息子が死んでしまったのに、同じように育ってきた友達は元気にやってるわけですから、親としてはシンドイでしょうね、なんでうちの息子だったんだって、思うだろうし」

昨年息子が生まれたばかりだというC君は、伏し目がちにそう語った。

そういう皿

「私が高校生の頃、お祖父《じい》ちゃんが大きな絵皿を買って来たんです。花とか色んな模様が絵付けしてある立派な骨董品、何十万もしたとかで、うちの両親も呆れてました。お祖母《ばあ》ちゃんなんか『そんなもん買ってきてどうすんの！』って、ものすごい剣幕で怒鳴《どな》りつけたりして、お祖父ちゃんを」

「別に骨董好きとかいうわけじゃなかったんですよね、釣りは好きだったから、釣り竿は何本も持っていましたけど、壺とか皿とか集めるような趣味はなかったんです。それが急に、良し悪しもわからない皿に何十万円もはたいてしまって、しかもどこで買ってきたのか言わないいんですよ『俺の金で買ったんだから』なんて開き直っちゃって」

「本当だったら床の間に飾って皆に見せるとか、そういう風に扱うものじゃないですか？食器っていうよりは絵画に近いと思うんですよね、骨董の大皿。でも、お祖父ちゃん、せっかくのそれを木の箱にしまって、押入れに入れておくんです。それを毎日、いちいち押入れから出して、撫でたり拭《ふ》いたりした後で、またしまっちゃう」

「お祖母ちゃんはその様子にも怒ってて『皿の世話するために大金使ったのか』って。どうせなら皆の目に入るところに飾って、お客さんとかにも見せてあげたらいいのに、なんだかいやらしいんですよね、エロ本こっそり見てる中学生みたいな雰囲気で、ニヤニヤしながら皿を撫で回したりしてるので、お祖母ちゃんじゃなくても腹立つよなって」

「そういう態度が、だんだんエスカレートしていきました。撫でたり拭いたりはまだわかるんですけど、そのうち皿と会話するみたいに、何かブツブツ言うようになって。え？ああ、小声で喋《しゃべ》っているから内容までは聞き取れませんでした、それに、私たちが側に行くと黙ってしまうので」

「その頃にはお祖母ちゃんも何も言わなくなりましたね、皿に関してだけじゃなく、そもそもお祖父ちゃんと会話しなくなりました。それなりに仲良かったのに、皿のせいで家庭内別居みたいになって、寝る部屋も別々にして、よっぽど嫌だったんだと思います、まぁ、私から見ても、人が変わったようでしたから」

「はい、私の両親も『もしかしたら認知症の始まりでは？』っていう話はしてました。流石《さす》がにちょっと常軌を逸するというか、傍から見てもおかしい感じになっていたので、場合によっては病院に連れて行くとか、そういう打ち合わせもありましたね。はい？　あ、えーと、私が高一の頃だから、お祖父ちゃんは八十代前半ぐらいです」

「え？　ああそうそう、私は私で、確かにお祖父ちゃんも変だったんですけど、それだけじゃなく、どうもなんかおかしいなって。はい、先ず《ま》皿を置いてある部屋、お祖父ちゃんが寝起きする座敷、なんか薄暗いんですよ、昼間でも、夜に電気点けた後でも。他の部屋に比べると、その座敷だけ夕方みたいな雰囲気になってて」

「気のせいかな？　と思っていたら、今度は古い化粧品みたいな臭いがするんです。母とかお祖母ちゃんが使っているモノとは違う、ちょっとこう、具合悪くなる感じの臭い。あれ、これなんだろ、不思議だなって。そんな臭いするのお祖父ちゃんの座敷だけで、こもってるんです臭いが」

「それで、後は、うーん、これ、夢だったのかなぁ、正直現実だったのかどうかあやふやなんですけど、私その頃、夜中、自分の部屋からトイレに行く途中、お祖父ちゃんが寝てる座敷の脇を通った時に、中からブツブツ声が聞こえてきたので『こんな時間にも皿かよ』って、何の気なしに襖《ふすま》をちょっと開けて、中の様子を覗いてみたんですね」

「そしたら、皿の上に髪の長い女の人の顔、生首が乗ってて、お祖父ちゃん、その顔と何か話してるんです、頭撫でたりしながら、うっとりした顔で。でも、うーん、これ、あり得ないですよね、そんなこと、だから夢だったのかなぁって、私の記憶には確かに残ってるんですけど、その割に、その後どうしたかも覚えてないので」

「ただ、夢であれなんであれ、頭に残っているビジュアルが強烈で、それから、お祖父ちゃんも皿も怖いというか、苦手になっちゃって、避けるようになったんですよね。なので、生首の件からお祖父ちゃんが亡くなるまで、私、殆ど話してなくて、え？　ああそうです、お祖父ちゃん、次の年の春先に亡くなっているんです」

「その日、お祖父ちゃんは友達を呼んで、例の皿を見せていました。ちょうど春休みだったので、私も家に居て、座敷の横を通りかかるんですけど、その時に『どうぞどうぞ』って、例の皿をお客さんに勧めていたのを覚えています。手に取って眺めろって意味かなと思っていたら、大皿、その友達の人が持って帰っちゃって」

「驚きましたよ、何十万もした皿、あんなに大事にしてたのに、ただであげちゃったんです、その友達に。家族みんな呆れちゃって、本当に認知症かもしれないから、病院に連れて行くかと話してた矢先、座敷で倒れているのをお祖母ちゃんが見つけて、救急車呼んで、それでそのまま逝ってしまいました」

「葬儀が終わってしばらくして、大皿をもらっていったお祖父ちゃんの友達から手紙が届いたんです。いいえ、彼は葬儀には参列していませんでした。それで、その手紙の内容が『この齢《とし》になって若い女囲うってのは云々《うんぬん》』みたいな、ものすごく下品な内容だったらしく、私は直接読んでないんですね、お祖母ちゃんが怒ってビリビリに破いちゃったので」

「お祖父ちゃんが亡くなったことは知らせていたのに、死んでしまった人宛てに手紙寄こすのも変だし、皿を譲ったのに女がどうこうっていう内容も変だし。でも私、あの夜、夢なのか何なのか、お祖父ちゃんが生首の頭撫でている光景が頭に張り付いているので、なんか、あの皿、そういう皿だったのかなって」

花火と巨人と白装束

数年前、夏の出来事。

N君は大学の夏休み中で田舎に帰省していた。

「その日は地元の祭りがあったんですよね」

無数の屋台が並び、昼間から様々な催しがあり、夜には数千発の花火もあがる。

「俺らは午前中から集まって、河原でバーベキューしてたんです。で、そこそこ酔っぱらって、日暮れになったから花火見に行こうぜって」

会場までは多少距離があったものの、祭りの雰囲気に浮かされながら、タラタラ歩く。

「まぁ楽しかったと思います、女の子もいたし」

次第に濃くなっていく人波をすり抜け、屋台を冷やかし、酒を飲む。

気持ちよくフラつきながら往来を闊歩《かっぽ》していると、ドーンと大きな音が響いた。

——あ、始まった。

彼らが見晴らしの良い場所に陣取る前に、花火は夜空を彩り始めた。

「しまったな、と思ってたら、仲間の一人がこっちこっちって」

呼ばれて辿り着いたのは、縁もゆかりもない会社の社屋。

N君たち一行は、施錠されていた門扉を乗り越え、その建物の外階段を上った。

屋上までは続いていなかったが、そこそこの高さを稼げたことで視界が広がる。

「周りに誰もいないし、めっちゃ眺め良くて」

めいめいが階段に腰を下ろし夜空を見上げていたところ、後ろから声をかけられた。

ぎょっとして振り返ると、そこには白装束を身にまとった女性が立っている。

彼女は、敷地内に勝手に入り込んでいた若者たちに注意をくれるでもなく、祭りの人ごみを指差しながら「あれ見えるか？　あれ」と繰り返す。

彼らの後ろに忽然《こつぜん》と現れたということは、階段を上りきった先にある扉の中から出て来たのであろう、恐らくこの建物の関係者。

「白装束ってのは不思議でしたけど、太鼓とか？　そういう衣装で参加してたのかなって」

男っぽい口調が気にはなったものの、咎《とが》められているわけではなさそうだと感じ、一同がその指し示す辺りに目をやると、どうもなんだか妙なモノが見えた。

「ものすごくデカい真っ白な人が、なんか歩いてるんです」

距離にして五、六十メートルほど先、見物客で賑わう人ごみの中を、のし歩く巨人。

「五メートルとか？　それ以上はあったように見えましたね」

明らかに異常な光景に息を飲んでいると、仲間の一人が「うわっ」と叫んで階段を駆け下り始めた。

つられるように響く「おあっ」「きゃあ」という声。

「みんな逃げていくから、俺も逃げました」

状況が全くつかめないまま、駆けてゆく仲間を追いかけるN君。

「あの時、全員が白装束の女に指差された方を見たんですが、例の大きい人間のようなものを見たのは俺を含《ふく》め四人で、六人いたうちの二人は何も見えなかったと言うんです」

その代わり「見えなかった二人」は、白装束の女が目の前でフッと消え去るのを見た。

「俺らが通りの巨人に釘付けになっている間に、女の方を振り返ったら、なんの前触れもなく消えてしまったそうで、その瞬間に声を上げて逃げたと」

通りを練り歩いていた巨人も、いつの間にか見えなくなっており、全ては謎のまま。

「なんだったんですかね、って言うしかないです、ほんと、なんだったんですかね」

タヌキの施し

当時、S氏は小学六年生、その日は夕方から、近所の神社でお祭りが行われていた。

「小遣いやるから粟餅《あわもち》買ってきてくれって言われたんだよな」

粟餅は、祭りの日にだけ境内《けいだい》で販売される縁起物。

なかなか味がよく、S少年にとっても嫌いな菓子ではなかった。

神社までは歩いても十五分程の距離、小遣いは二百円、悪い条件ではない。

「俺も食いたかったし、ひとっ走り行くことにした」

着いた神社は閑散としており、焚《た》かれた篝火《かがりび》の周りで、氏子《うじこ》らしき大人たちが数人、ワンカップ片手に談笑しているのみ。

「子供が好むような屋台なんかが禁止されている祭りだから、人出もないんだよね」

一角に設けられた粟餅の販売所で、言いつけ通り一パック三つ入りの粟餅を二つ購入。

ビニール袋に入れてもらったそれを揺らしながら境内を抜け、家に向かう。

するとその途中、家と神社のちょうど中間地点で、不意に声をかけられた。

「『粟餅けろや』って、威圧するような、けっこう太くて大きい声でね」

立ち止まり周囲を見回すが、付近に人間は見当たらない。

では、声の主は誰だろう?

キョロキョロしているS少年の耳には再び「粟餅けろや」の声。

「ちょっと怖いなとは思った、でもさ」

彼は道路横の藪《やぶ》の中に光る、二つの目に気付いた。

「たぶんタヌキ、あまり大きくないやつ」

こちらを凝視してくるその目を、じっと見つめ返す。

——粟餅けろや。

声は三度聞こえたが、S少年は怯《ひる》まなかった。

「タヌキが喋るわけないから、そりゃ不思議ではあったけど、俺、その時思ったんだよね
『コイツ、化け忘れてやがる』って」

本来であれば、もっと恐ろし気な化け物なりに変身し、その見かけでもって栗餅を要求すべきところ、どうやら目の前のコイツは声だけでその気になっているようだ。

「そうなるともう可愛いよね、失敗してるのに凄んでくるわけだから」

当時彼の家族は五人、栗餅は三個入りを二パック買ってあるので一つ余る。

「ホレ、つって、施《ほどこ》してやるつもりで」

栗餅を一つ取り出し路肩に置くと、そんな自分がなんだか誇らしく思え、胸を張るようにして帰宅したそうだ、が。

「家で袋から栗餅のパック出したら、一個しか入ってないの」

栗餅だったはずのものは、一つ以外、五つの丸い石に化けていた。

訝《いぶか》しがる家族に、ついさっきの出来事を話すと、面白そうに耳を傾けていた祖父が「お前《め》え、人騙すのにわざわざ警戒されるような格好しねえべ普通」と笑った。

「祖父は山歩きをする人だったから、そういう話にも造詣が深かったんだ。『栗餅掠《かす》め取んのが目的なら、相手を油断させでナンボだべど』つってね」

例のタヌキを「間抜けで可愛い」と思ってしまったことがそもそもの間違い。

「自分より格下だと『判断させられた』ってこと、完全に裏をかかれてたわけ」

祖父は、しょげるS少年に「喋るタヌギなんて只ごどでねぇのさ、ちゃんとおっかながって逃げねぇど、場合によっては命取られだりすんだがら、気ぃつけろよ」と忠告し、頭を撫でた。

「その瞬間にブルブルって、急に怖くなってね、泣いたなぁ」

今から三十数年前、少々肌寒くなった秋の出来事だという。

公園の残像

四十代の男性、Ｂ氏より伺った話。


彼は生まれ育った築五十年の実家に住んでいる。

数年前に相次いで両親を亡くし、今は一人暮らし。

「この齢で独り者なんでね、休日は暇なんよ」

日曜日、午前中を自宅でダラダラ過ごした彼は、昼過ぎに目的もなく家を出た。

普段、通勤や買い物には自家用車を使うが、その日、車には乗らなかった。

「なんの目的もなく、ただ歩いてみようかなって」

いつもの日曜なら午後には酒を飲み始め、日が暮れる頃には寝てしまうところ、自分でもどういう風の吹き回しかわからぬまま、あてどもなく歩を進めていく。

町の郊外にある住宅地の更に外れ、住民が高齢化しきった彼の自宅の近所は、日曜の昼間だというのに嘘のように静まり返っている。耕作が放棄された田畑と、誰も住んでいない家々の間を歩いているうち、言いようもない虚《むな》しさに襲われた。

「なんで俺、こんなところで暮らしてんだろうなと」

一度は大学進学のために町を出たものの、卒業時は就職氷河期の真っただ中、都会の民間企業への就職は断念し、地元で公務員になることを選んだ。

「当時はそれでも大分マシな方だったと思うよ、就職先があるだけで御の字」

今は亡き両親も大喜びで、次は早く孫の顔が見たいと言った。

「それがねぇ、孫の顔どころか結婚すらしないまま二十年だもん」

この二十年で、町の景色は大分変わった。

不況のあおりを受け、細々とした個人商店はずいぶん前に消滅、買い物をするには自宅から離れた幹線道路沿いのロードサイド店舗に出向かなければならなくなったし、若者たちは職を求めて大きな街で暮らすようになった。B氏と同年代の友人たちも、より暮らしやすい土地を目指し、一人また一人と町を去って行った。

「小中高の同級生、成人してから結構自殺もしてるよ、まぁ、その気持ちもわかるな。年寄りに囲まれて、その世話をするだけの町だもん」

公務員として働く以上、地元を離れることはできない。

選んだ職が、まるで呪いのように自分を土地に縛り付けている。

そんなことばかり考えながら、一歩一歩虚しさを噛みしめるように歩くうち、やがて辿り着いたのは子供の頃によく遊んだ公園だった。

「一昔前なら休日は子供だらけで、一日中うるさいぐらいに賑わっていた場所」

今は人っ子一人おらず、青空の下、伸び放題になった雑草が生き生きと風にそよぐのみ。


「なんか、疲れたなぁって」

塗装の剥《は》げたコンクリートベンチに座り、ぼんやりと空を見、風に揺れる草を見、また空を見、自分の頭が何も考えなくなるまでそれを繰り返した。

「どんぐらいそうしてたんだろう、どっかのタイミングで『おや?』と思った」

誰もいない公園を、何かが動き回っている。

「動物とかじゃない、なんか透明な、ゼリーみたいなやつら」

空間が粘りをもち、その中で実体の無いものがはしゃいでいるような印象。

「見えない何かの、動きだけがわかるっていうのかなぁ」

B氏は、それらの挙動から目が離せなくなった。

初めて体験する得体の知れない現象ではあるのだが、恐怖は感じない。

「それどころか、なんか可愛らしいんだ、転んだりしてて」

鬼ごっこをするように駆け回ったり、ぴょんぴょん飛び跳ねたり、しゃがみ込んでじっとしていたり、どこか幼さを思わせる動き。

それらは、見えない子供たちが楽しく遊び回ってでもいるかのように楽し気だった。

「ずっと見てた、ちょっとピントがズレたら、もう見えなくなるような気がしたから、体も顔も動かさないようにして、ずっと見てた」

日暮れの時間に差し掛かり、西日が差す公園で、身じろぎもせず目を凝らす。

「ああ、なんだかわかんないけど、在りし日の残像のようなものを見ているのかも知れないって、こいつらは、この場所の記憶なのかも、とか」

その日は、日暮れまで一人、その光景に心を打たれていたとB氏は言う。

しかし――。

「それからしばらくは、なんかいいモノみたな、っていう気持ちでいたんだけど」

どうやら最近、その認識を改めつつあるらしい。

「いや、あいつら、結構その辺にいるんだよね」

公園での出来事を経て、しっかりピントが合ってしまったのか、以降、家の近所や町中においても、似たような「ゼリー状の動き」を見ることがあるそうだ。

「あれ、もしかしたらもっと違うもんなのかもな」

土地の記憶から生じる人々の名残り、といった詩的なものではなく、もっと具体的な「今ここに存在しているモノ」なのではないかという気がしているという。

「人が少なくなると、ああいうのが人里に出てくるのかも知れん。うん、そのうち家の中にまで出てくるような気がして、けっこうビクビクしてるよ」

化け痕

「リスカってしたことないんですよ」

「リスカっていうのはその、手首を切るという、その」

「そうです、リストカットです」

「はい」

「したことないんです、わたし」

「そうですか」

「小田さんは、自傷行為は？」

「え？　俺ですか？」

「はい、経験ありますか？」

「あー、でも、けっこう煙草吸うんで、広い意味では」

「それは依存症ですよ、煙草はやめた方が良いです」

「ですね、そうだと思います」

「わたし、リスカしたことないんですけど」

「けど？」

「リスカしてるって言われるんです」

「勘違いされる？　ということ？」

「まぁ、そうです」

「それは不思議ですね」

「わたし、リスカしているっぽく見えますか？」

「『リスカしているっぽく見える』の意味がわかりません」

「顔とか」

「顔？　手首切りそうな顔ってことですか？」

「雰囲気とか」

「うーん、よくわかんないです」

「まぁ、思ってても言わないですよね」

「……そう思われるのが嫌？」

「嫌とかいう話じゃなくて、したことないんです、リスカ」

「つまり単に、したことがないのに、したと思われるのが」

「思われるっていうか、手首に傷痕があるって言われるんです」

「え？　したことないんですよね？」

「ないです」

「ないなら傷痕もないですよね？」

「ないです。見ますか？　ほら」

「ないですね」

「ないですよね？」

「ないです」

「でも『リスカ痕がある』って、言う人がいるんです」

「それは、誰に？」

「親友とか、今まで付き合ってきた彼氏とか」

「ああ、けっこう身近な」

「親友には突然『気付いてたけど今まで見て見ぬフリしてた』って泣かれました」

「リスカしてないのに？」

「はい」

「付き合ってきた人たちも同じ？」

「まぁ、そうです『これ、どうしたの？』みたいな」

「どうしたもこうしたも……」

「ええ、ないんで」

「説明はした？　改めて手首見せて」

「もちろんしました『リスカしてないし、傷痕もないよね』って」

「そしたら？」

「『あれ？』みたいな『え？』っていう、お化け見たような反応で」

「あー、なるほど、それで？」

「そうですそうです」

「ようはそれが『お化け』であるっていう」

「はい、リスカ痕お化け。そういうのありますか？」

「聞いたことないけど、ありそうって言えばありそう」

「なんなんですかね？」

「なんなんだろうね、俺には見えないし、他には言われたことないの？」

「他の人にも、なんとなく変な雰囲気で見られたみたいなのはあります」

「そういう場合は、難しいよね」

「はい、何も言われてないのに自分から率先して手首見せて説明するのも変だし」

「困るね」

「困ってます」


「したいと思ったことは？　リストカット」

「あ、それは何度もあります、切ってないだけで」

「ああ、そうなんだ」

「リスカしたくなると怪談本読むんです、エグいやつ」

「自傷行為の代わりに？」

「結構効きますよ、精神的な自傷行為」

「あー、じゃあ俺の本なんかは……」
「足りないですね、怖さとかエグさとか、ご本人の目の前で言うのもアレですけど……」
「なんか煙草吸いたくなってきたな」

死んだら家族

今から四十年ほど前の話。

当時、二十代だったD氏は貧乏だった。

「金ねぇからよ、殆どただみたいな家賃の木造平屋に住んでた」

知人の伝手《つて》で借りた、隙間風の入る、狭く小汚い家。

「俺の前には一人モンの爺さんが住んでたってのは聞いてたよ」

その住人は、しばらく前に、家の玄関からはみ出すようにして亡くなっているのを発見され、以来、その平屋は誰も住み付くことなく放置されていたそうだ。

「最初は気にしてなかった、でもな、ジジイのやつ、まだ住んでてよ」

つまり、出た、のだという。

「暮らし始めてすぐから、なんかジジイ臭《くせ》ぇなぁとは思ってたんだ、死んでから何年か経ってるはずなのに、妙に生々しい臭いがすんだよな、染みついてんだなぁって」

しかしどうも、おかしかった。

「臭いが移動すんの、さっきまでなんともなかったところが急にジジイ臭くなる、かと思えば次の瞬間には何も臭いがしなくなるとかな、あぁ？　なんだこれつって」

なんとなく、その臭いを追うように視線を動かしていたある日、D青年は電気のついていない台所に、ぼんやりと佇む老人の姿を見た。

「ああ、やっぱ居た！　と、だから臭ぇんだなと納得したよ」


D青年は、それからたびたび、老人の姿を目撃した。

「基本的には家のなかうろついてんだ、行ったり来たり、俺のことなんかまるっきり無視するみたいにして、生前の名残りみたいなことやってた」

台所、居間、座敷、風呂、便所、どこにでも現れる、腰の曲がったシルエット。

「それが、いかにも年寄りっぽい動きなんだよな、ゆっくりっていうか。だから見てるうちに気の毒になってきたんだわ」

大家によれば、身寄りのなかった老人は無縁仏として処理され、平屋自体も、神社の神主を呼んでお祓いを済ませてあるとの話だった。

「でも出てるんだから、あんま意味なかったんだろうな」

そう思ったD青年は木の板を購入すると、それを加工し、手製の位牌《いはい》を作った。

「不細工な出来だけど、とりあえず南無阿弥陀仏って書いてさ」

座敷の隅に小さいちゃぶ台を置き、その上にそれを安置する。

「ようは成仏してねぇってことなわけだから、誰かがちゃんと供養してやればいいんじゃねぇのかなと思ったんだ、そしたらそのうち、ジジイ臭ぇのもなくなるだろと」

どんな気まぐれだったのか、彼はそれから毎日、灰皿で線香を焚き、軽く手を合わせては老人の冥福を祈った。

「でもなかなか居なくなんねぇんだなこれが」

ただ面白いことに、それまでは家の中各所に現れていた老人は、次第にその動きの範囲を狭め、やがてD青年が置いた位牌の側で目撃されることが多くなった。

「そんな状態で何ヶ月だ、十一月に部屋借りたから、九ヶ月か」

半年以上も律儀に線香をあげつづけ、やってきた八月、お盆。

見ず知らずの老人ではあるが、同じ家に住んでいる縁はあり、位牌まで作った手前、無視できないイベントだった。

「オガラ燃やして、迎え火焚いてさ、そん時に思ったよな、家にいるのに迎え火焚いたってしょうがねぇって、ハハハ」

お盆中も、相変わらず老人は現れたが、事態が急変したのはその後のこと。

「迎え火焚いた時のオガラがまだ残ってたから、一応、お盆の終わりに、送り火も焚いたんだよ、残してたってしょうがねぇし、花火みたいなつもりで、そしたら」

その後、ぱったり老人は現れなくなった。

しつこく漂《ただよ》っていた臭いも、嘘だったかのように消えた。

「あ、これ逝ったなって、もう死んでたけども」

送り火を焚いたのが幸いしたのか、時期がお盆だったからなのか、はたまた日ごろの供養が効いたのか、理屈は不明であるものの、当初の目論見《もくろみ》通り、老人は成仏したようだ。

「は？　怖くなかったのかって？　なんで怖《こえ》ぇのよ？　弱った年よりだぞ？　生きてても怖くねぇだろ、それが死んでんだから尚更、気の毒に思ってやんなきゃ気の毒だろう」

その後、所帯を持ち、今では孫もいるD氏は、老人のために作った位牌を現在も自宅の仏壇に置いている。

「まぁ、俺が死んだら晴れて家族だな、同じ家の仏になるんだからよ」

無事を願う

今から四年前、図書館司書のCさんが体験した話。

その晩、彼女は山深い場所にある温泉宿に泊まっていた。

山が色付き始めた十月、紅葉狩りにでもと足を延ばしたのだった。

「ご飯の方はちょっとアレでしたけど、温泉はとても良かったです」

昼間に野山を歩き回ったせいか、熱い湯が身に沁み、心地よい湯上がり。

うっすらと暖房の効いた部屋で一人、文庫本を広げて夜長を楽しむ。

「なんだかうるさいなぁとは思ってました」

ちょっと前から、宿の中庭に面した窓がガタガタと鳴る。

木枠にガラスをはめ込んだだけの引き戸、風の影響を受けやすいのだろう。

そういえば廊下も歩くたびギシギシ鳴った、まぁ、築年数が古い宿なのだ。

一得一失、快適さと風情は並立し難いもの。

「わざわざ古い宿を選んだのは自分なので、それもまた一興っていう」


ガタガタガタガタ、窓は鳴る。

明日も晴れて欲しいのだが、この風の強さは如何なものか。

ガタガタガタガタガタガタガタガタ。

しかしうるさい、これでは気が散って仕方ない。

本を捲《めく》る手を止め、起き上がって閉めていたカーテンを引く。

闇夜に、人の顔が浮かんでいた。

見開かれた目、大きく開けられた口。

「一瞬、身動きできませんでした」

ここは二階、ベランダはない、宙に浮きでもしない限り、窓など叩けない、何より、顔から下が全く見えない、窓の外にあるのは、ビックリしたような顔だけ。

カーテンを閉め、部屋を飛び出る。

派手に廊下を鳴らしながら進んだ先、受付カウンターの光。

「『すみません!』ってちょっと叫んじゃいました」

宿の亭主は目を丸くして、そんなCさんに驚いている様子。

「その顔を見て、若干冷静になったんですね」

自分の部屋の窓に、誰かの顔がぶつかっている。

今さっき体験したそんな状況を、つい言い淀んでしまう。

「なので『ちょっと窓の建付けが』と言って、部屋に来てもらいました」

亭主は「なにぶん古い建物でして、ご不便おかけして申し訳ございません」と言いながら、恐縮した様子で彼女の部屋に入ると、窓を開けたり閉めたりした。

「『風もないのにおかしいな』って、ええ、そりゃそうですよね」

部屋の中、しばらく無言で窓を観察する二人。

きっと「何かを悟った亭主が部屋を変えてくれる」という流れになっていくだろう、彼女はそれを期待していたのだが、亭主は「鳴りませんね、大丈夫ですかね」と一人納得し、軽く会釈《えしゃく》をした。

ちょっと待ってくれ、口を開きかけたCさんは、しかし、あることが頭をよぎり、なぜか謝った後、結局一人、部屋に残った。

「よくよく考えてみると、あの顔、知人に似ていたな、って」

目も口も、大きく開けた表情だったため、当初はピンと来なかったが、例の顔を頭でグルグル思い出しているうちに、はたと気付いたらしい。

読書サークルで知り合った、年上の女性。

まだ親しい付き合いではなかったものの、本の趣味が合い、そのうち友人として付き合っていけそうな雰囲気を感じていた人物。

もし彼女だったのだとすれば、先ほどの顔は、宿にまつわるものではなく、自分自身に関連する出来事であると推察された。

「でも、なぜ？　ではありますよね」

それは、四年経った現在でも変わらない。

なぜなら、このことがあってから後、Cさんはその女性と一度も会っていないからだ。

「頻繁に参加していた読書サークルに顔を出さなくなったんです、もし次に会ったら、それとなく顔を確認しようと思っていたのに」

以降、同じようなことは一度も無いが、Cさんは、彼女が無事だったらいいな、と願っているそうだ。

お盆の花火

Lさんが中学一年生だった夏休み、お盆時期の話。

その夜、彼女は両親と一緒に、住んでいる町の花火大会に繰り出していた。河口にかかる橋の上、海から打ち上がる花火を見るには絶好のポイントに陣取り、歓声を上げながら夜空を眺めていたところ、ふと、それに気付いた。

「ちょうど橋から見下ろした川岸に、光っている人がいたんです、全身」

賑わう夏の夜である、ここぞとばかりに派手なパフォーマンスを企《くわだ》てる陽気者はどこの町にもいるものだ。

「電飾を身にまとっているとかじゃなくて、なんて言うんだろう、全体的にぼやっと光ってるんですね。人の形がわかる程度、ちょうどいい感じで」

彼女の立っている橋の下、川を挟んだ河口域の両岸は、芝生を張られたなだらかな護岸となっている、その向かって右側の岸をうろつく、光る人物。

「こう、一歩一歩、歩いているっていうんじゃなくて、スケートでもしているみたいに滑らかに進むんですよ、スーッ、スーッ、と」

なんだか面白いことをやってる人がいる、とは思ったものの、彼女にとって夜空を彩る花火の方がはるかに魅力的であった。

「気にならなかったって言えば嘘になりますけど、花火と比べてどっちがって言われたら、それは花火ですよ」

光る人物は、しつこく川べりを行ったり来たりしているようだったが、年に一度の花火に対抗できるようなパフォーマンスではない。

「殆ど花火を見てました、かき氷食べながら」

やがて、クライマックスに向けて、夜空が更に賑やかさを増してきた頃。

Lさんが何の気なしに川岸を見下ろすと、光る人物は、懲《こ》りることもなく同じように滑らかな移動を繰り返していた。

「最初は『まだやってる』と思って、ちょっと呆れたんですけど」

どうも、なんだかおかしい。

光る人物が、川岸から、やや川にはみ出しているように見える。

――アレ？　え？

橋の下、光る人物のすぐ側にも、当然の如く花火見物の観客は大勢いる。

しかし彼らが、今まさに川の上を移動しているその人に反応を示す様子はない。

「それで、そのまま、スーッ、と」

これまでと同様、滑らかな動きで、光る人物は、とうとう川の真ん中まで移動した。

「完全に水の上なんです、浮いてるんですよ、川の上に」

――ちょっとお父さん！

呆気にとられ一瞬思考が止まった彼女が、隣に立っていた父親の袖を引っ張り声をあげたのと同時に、夏の夜空はけたたましく鳴り、その日一番の輝きを見せた。

「それで、そのまま」

ビール片手にほろ酔い加減の父親が反応を示す前、川面に反射する花火の明かりに溶け込むように、光る人物はその姿を消した。

「なにあれ？　って、もうわかんないんですよ、足ガクガクしちゃって」

帰り道、母親の運転する車の中で、Ｌさんは自分が見たものを両親に話した。

すると父親が「あぁ、お盆も終わりだから、花火が送り火になったんだろう」と言う。

「あの世から帰って来てた人が、また戻って行ったんだって」

どうして川岸をうろついていたのか、他に誰か見た人はいなかったのか、など、気になる点はあったものの、父親のその発言で、Ｌさんは一応納得したという。

「なんか怖いし、考えてもわからないので、あの世に戻ったのならそれでいいやって」

それから今日まで二十年、花火大会には毎年欠かさず参加しているが、光る人物を目撃したのはその時だけだったそうだ。

足音

Yさんは病院に入院している母親の看病をしていた時、部屋の中を走り回るような音を何度も耳にした。母親の部屋は個室であり、もちろん室内を走る者などいない。

故に隣の部屋か、あるいは上の部屋の足音が響いているのだろうと考え、病院なのだから場合によってはそんなこともあろうと様子を見ていたのだが、ある日、あまりにもその音がうるさく、このままでは母親の療養に差し支えると感じ、音が鳴っているうちに個室を飛び出し、注意のひとつもくれてやろうと両隣の部屋を窺《うかが》った。

しかし、右隣の個室も左隣の三人部屋も、ひっそりとしたもの。

すると上の部屋だろうか？　小児科の病棟などあるのかも知れない。

そのまま階段を上り、ちょうど母親の個室の真上にあるとおぼしき部屋を確認したところ、そこはひと気のない物置のような場所で、走り回るようなスペースすらなかった。

なんだろう、首を捻《ひね》りながら母親が眠っている部屋に戻っても、やはり壁から天井から、バタバタと走り回る音が断続的に聞こえる。

検温にやってきた看護師にそのことを伝えると「お疲れではないですか？」と優しく諭され、その様子を見ていた母親本人からも、そんな音は聞こえないと言われた。

自分にだけ聞こえているのだろうか？ そんなことあるのだろうか？

疑問に思っているうちに母親の容体が急変し亡くなってしまったため、音の正体がなんだったのか不明なまま、Yさんはその病院に行くこともなくなった。

それから数年後、今度は母親の妹が病気で入院した。

独身を貫《つらぬ》いていた人物で、身内は姪であるYさんだけだったこともあり、母親の時と同じように部屋で付き添いをしたり、洗い物や差し入れなど世話を焼いた。

叔母の容体は芳しくなく、いつ不測の事態が起こるとも限らないと伝えられていたYさんは、できるだけ側にいるようにし、可能ならその最後を看取るつもりでいた。

ある日、彼女が叔母の眠っている傍らで本を読んでいたところ、タタタタタッと、子供が走るような音が聞こえた。それは壁や床、天井を構わず、縦横無尽に響き回った後、唖然とする彼女を置き去りにするように聞こえなくなった。

それは、母親の入院に付き添っていた時と、同じ現象。

だが今、叔母が入院しているのは、母親が入院していたのとは別な病院。

一応、あの時と同じように左右の部屋の様子を窺うも、やはり静まり返っている。

上の階を確認したところで同じだろう。

これは恐らく、母方の一族にまつわる「何か」なのだ、Yさんはそう思った。

その後間もなく、叔母も亡くなった。


いつか、自分が病に伏した時、同じように足音は響くのだろうか？

念のため、怖がらなくていいと娘に伝えておくべきだろうか？

母親も叔母もその音が聞こえた様子はないのだから、あるいは娘にも聞こえないかも知れず、それが本当に母方の血筋によるものなのかどうか結論しかねてもいて、Yさんは今のところ、娘には何も言っていないそうだ。

庭様

ある年の年末、暮れの挨拶にと、両親に連れられ母方の実家を訪れていたUさんは、ケロケロと可愛らしく鳴くカエルの声を聞き、それを皆に伝えた。

「そしたらお祖父ちゃんも、うちの両親も『冬にカエルは鳴かないよ』って笑うんです」

いやそんなことはない、現に今も聞こえているではないか。

そうは思ったものの、彼女は小学校に上がったばかり、酔っぱらっている大人たちに反論を向けることは難しく、いじけるように俯き、黙り込む。

すると、台所の方から、祖母が呼びかけてきた。

暖かい居間で、わいわい酒を楽しんでいる祖父と両親を残し、少し寒い台所へ向かう。

年末年始に食べる料理の下ごしらえをしていた祖母は、やってきたUさんの頭を撫でながら耳元に口を寄せると「カエルの声はお祖母ちゃんにも聞こえているよ」と言い、「このことは皆には内緒にしよう」と続けた。

「その時は『やっぱりね』って思いました、お祖父ちゃんも両親も、お酒を飲んでいるから聞こえないいんだろうなと」

ただ、どうして内緒にするのかわからない。

聞こえているのなら皆に「カエルは鳴いている」と言って欲しい、笑われたことが悔しかったUさんは祖母にそう伝えた。

「そしたら『あの人たちには本当に聞こえてないいんだよ』と、お祖母ちゃんと私にだけ聞こえる声だから、他の人には言っちゃダメって、ちょっと強めに言われて」

そういうこともあるのだろうか？　よくわからないが、お祖母ちゃんがそう言うのならそうしよう。まだ小さかった彼女は、祖母の言葉に頷いた。

「それから十年経って、私が高校生の頃です」

再び十二月、学校の冬休みを利用して一人で祖父母宅を訪れていたUさんは、庭先で鳴くカエルの声を聞いた。彼女は、あの日以来、夏であろうと冬であろうと、祖母との約束を守り、それが聞こえても誰にも喋らずにいた。

「お祖母ちゃんにすら何も言いませんでした。強めの口調で注意されるみたいな言われ方をしたので、話題に出すのはなんとなく気が引けたんです」

それまでも、変だなとは思っていたが、庭のどこかに暖かい環境があり、冬眠しないカエルがいるのだろうぐらいの、大雑把《おおざっぱ》な理解でやり過ごしてきた。

「うん、でもやっぱりおかしいなって、カエルは冬に鳴きませんよね？　だから、確かめてみたんです」

居間に行くと、寝転がっていた祖父に「カエルの声聞こえる?」と訊ねてみた。

すると祖父は困惑したような表情で「冬にカエルは鳴かないだろ」と返答。

「聞こえてないんですよ、お祖父ちゃんには」

祖父への確認を終えたUさんが、果たしてどういうことか考えていると、夕飯の買い出しに行っていた祖母が帰って来た。

「それで、私、お祖母ちゃんにも訊いてみたんです『カエル、鳴いてるよね?』って」

買って来た食材を冷蔵庫に収納していた祖母は、その手を止めることなく「聞こえているよ、Uちゃんが来ているから庭様も嬉しいんだろうね」と言った。

※

以下、その時Uさんが祖母から聞いた話を箇条書きにした。

・庭から聞こえるカエルの声は、祖母に憑いている神様が発している音である。
・祖母の血筋に代々関わるものであり、祖母はそれを「庭様」と呼んでいる。
・祖母は庭様を母親から受け継いだが、Uさんの母親は庭様の声を聞けなかった。
・よってUさんの母親は「庭様」の存在を知らない。
・「庭様」は何もないときはカエルのような声で鳴くが、カエルではない。

※

「私は庭様に気に入られているから、お祖母ちゃんが死んでしまったら、自動的に私のところに来て、私の神様になるんだって言われたんです」

庭様を迎えるにあたって特別な祭祀などはなく、お供え物なども必要ないのだという。

「庭様は、何か身に危険が迫っているような場合、カエルの声ではなく、別な音で知らせてくれる、それだけの存在だから心配するなって。あとは追々わかるからと」

Uさんは現在三十歳、祖母は既に亡くなっている。

「はい、なので今はうちのアパートのベランダに居ます、庭様」

Uさんによると、庭様は今もカエルの声を発し続けているとのこと。

「一度だけ、実際には降っていないのに、ものすごい雨の音が聞こえたことがありました」

庭様の仕業だと思い気を付けていたところ、数日後、本当の豪雨に見舞われたため、早めに避難したそうだ。

「家に居ても死んでしまうようなことはなかったと思うんですけど、それは結果論なので、避難していなかったら何か悪いことがあったのかもなって、一応、庭様に感謝してます」

心強く思っている一方、最近、悪い意味で納得した部分もあるのだと彼女は言う。

「危険予知システムみたいな神様ですから、もしもの時は恩恵が大きいわけですよ、なのに本当に何もしなくていいのかなって、普通はお祀《まつ》りしたり、供物をあげたりするものですし」

彼女の祖母によれば、特別なことは何もしなくて良いとのことだったが、確かに「神様」であれば、それなりの待遇でお迎えするのが一般的だろう。

「だから、小さい社《やしろ》を用意するとか？　してあげた方がいいのかなと、引け目を感じて悩んでいたんです、でもこの前『ああ』って思ったことがあって」

Uさんには半年前から付き合っている男性がいる。

祖母が亡くなったのは二年前のこと、彼女にとって庭様がやってきてから初めてできた恋人ということになる。

「それで、まぁ、彼が私の家に来るわけですけど、大人ですから、普通にそういうことになるじゃないですか。そしたらその度に、舐めるようなものすごい視線を感じるんですよ、ベランダから」

あ、庭様だ、と直感したらしい。

「そういう趣味のカミサマなんだって思って。もう引け目とかはなくなりましたね。そう言えばお祖母ちゃんが『追々わかる』って言ってたのコレのことだなと」

当初は困惑したが、かといってどうしようもなく、危険予知とのバーターで考えれば許容範囲であると判断したため、好きなようにさせていると彼女は笑う。

「うちの母は気質的にダメだろうなと思います、その辺、見極めてたんだとすれば、さすがカミサマというか」

付き合っている彼とは近い将来結婚しようと話し合っているが、庭様のことは黙っていようと心に決めているという。

ちなみに、庭様は自宅だけでなく、出先のホテルや旅館にもついてくるとのこと。

祖父の書き置き

W氏の祖父は習字の先生だった。

基本的には穏やかで優しいのだが、筆を持つと人が変わったように妥協を許さなくなる人物だったらしく、幼い頃に毛筆を習っていたW氏もたびたび嫌な思いをしたそうだ。

そんな祖父が脳梗塞《のうこうそく》を発症して左半身にマヒを抱えたのが今から三十年前。

幸いなことに利き腕の機能は失われなかったため、最初のうちは自宅で写経をするなどして過ごしていたが、やがて認知症を患い始め、黙って縁側に座っていることが多くなった。

それから五年が経った頃、介護を受けながら自宅で過ごしていた祖父は、突然正気を取り戻し、家族を驚かせた。呂律《ろれつ》は回っていなかったものの、意志の表出をハッキリするようになり、表情を無くしていた顔には笑顔が戻った。

W氏とその両親は、逆にその変貌ぶりを訝しみ、そろそろ危ないのではないかと身構えたものの、ならばできるだけ本人の希望に添うように過ごさせてやろうと、車で外に連れ出してみたり、好きだった食べ物を食卓に並べたりしたという。

すると祖父はそんな日々に気を良くしたのか、今度は、自ら筆をとり字を書き始めた。

五年ものあいだ筆を持つことがなかったのだから、以前のように流麗《りゅうれい》な文字を書くことはできなかった。しかし、嬉しそうに半紙に筆を走らせる祖父の様子は、子供のように無邪気で、長年かいがいしく介護を努めてきた家族の涙を誘った。

どう考えても、普通ではない。なにごとも促《うなが》されなければ行えず、四六時中ぼんやりと遠くを眺めているだけだった五年間の果て、その日の祖父は、まるで自ら虫の知らせを演じてでもいるかのようだったとW氏は語る。

そしてその晩、祖父は何重にも折りたたまれた歪《いびつ》な封筒状の半紙を三つ、食卓に並べた。

いつの間に用意したものか、それぞれに名前が書かれており、一見、手紙のよう。

これまでの感謝の言葉でも書かれているのだろうかと思われたそれに、祖父は自ら手を合わせた後、W氏に舌足らずな言葉で神棚に納めるよう語りかけた。

どこかぼんやりした一連の行動は、正気を失っているようでもあり、果たして従ったものかと目配せしたW氏へ、両親は優しく頷いてみせた。

結果、家族一人一人の名前が書かれた封筒状の半紙は、中身を改められないまま、祖父の指示に従ってW家の神棚に納められ、見届けた祖父は満足そうに眠りについた。

そして、家族の予感通り、二度と目覚めることは無かった。


それから二十数年、大卒後、故郷を離れたW氏は現在四十代となっている。既に実家を手放していて、現在都内で一人暮らし。

父親を七年前、母親を四年前に亡くし、今は天涯孤独の身だと笑う。

母親の葬儀の後しばらく、もう住む予定のない実家を処分するため、生活道具など荷物の片づけに帰省していた彼は、ほこりの積もった神棚に、例の封筒を見つけた。

父親と、母親と、自分の名前が書かれた、歪な形の半紙封筒。

祖父の手によるそれは、あの日、彼が置いたままの姿で茶色くなっていた。

忘れていたのか、あるいは気にも留めなかったのか、父親も母親も、どうやら中を開けては見なかったようだ。

一体、何が書かれているのだろう、興味をそそられたW氏は、今は亡き家族の顔を思い出しながら、封筒に手をかけた。

「父の名前が書かれた封筒からは『六十八』、母の名前が書かれた封筒からは『六十五』とだけ書かれた紙が出てきました。うん、それ、両親の享年なんです。だから、これ、思ってたのと全然違うぞと。祖父ちゃん、どういうつもりでこんなもん書いたんだよって。驚いた以上に、気味悪かったですよ、ほんとに。え？ 自分の封筒ですか？ いや、開けてないです、順番間違えて自分のから開けてたら最悪でしたね、は？ ああいや、それがまだ捨てられずに手元にあるんですよ、嫌だなとは思っているんですけど、なんで捨てられないんだろうな」

廃屋の来歴

　数年前、夏、I君がある廃屋に忍び込んだ時のこと。

「町の外れにある大きな農家なんですけど、もう二十年以上放置されているんです」

　もともとI君の親戚が住んでおり、その人物が亡くなって以降は管理もされず、手付かずのまま朽ちるに任せている物件。

「別に心霊スポットとかいうわけではなかったんですけど、放っておかれた時間が長いのでそれなりに不気味なんですよね」

　大学の夏休み中に帰省したものの、特にやることもなくダラダラ過ごしていた彼は、高校時代の友人たちに声をかけ、肝試しをしないかと誘った。

「幽霊が出るって嘘ついたら、皆、けっこう乗り気で」

深夜、建物の庭先まで車で乗り付けた彼らは、改めてその雰囲気に圧倒された。

「俺としては、あくまで肝試しの『つもり』だったので、ちょっと探検気分を味わえればいいかなぐらいの感じでいたんですが、そこそこ怖いんですよね、見た目」

案内役として緊張した面持ちを作り、勝手口から中に入り込んだI君だったが、なぜかそこから、まるまる記憶が飛んでいると語る。

「ほんと、ビックリですよ」


後に友人たちが語った話によれば、彼は中に足を踏み入れると同時に、真っ暗な廃屋の中を無言でずんずん進んで行ったらしい。

「ライトを持っていた友達を置き去りに、一人で歩いていったみたいなんです」

慌てた友人たちはI君の名前を呼びながら後を追いかけるも、暗がりのなか、足場もおぼつかない見知らぬ廃屋とあって、なかなか追いつけなかった。

「それで、やっと俺を見つけたと思ったら、座敷の真ん中に座り込んでいたらしく」

何やら古いダンボールを覗きこむようにしながら、ぶつぶつと聞き取れない言葉を呟き続け、声掛けにも一切反応を示さないI君の姿に、友人たちは狼狽《ろうばい》した。

「仕方なく、酔っ払いを支えるみたいにして、三人がかりで車まで連れて帰ったと」

彼が覗いていたダンボールには、古い布の端切れのようなものが詰まっていたという。

「俺は車に乗せられて、しばらくしてから正気に戻ったんですが、友人たちは病院に運んだ方がいいのかどうか真剣に話し合っていたようで、ちょっとシャレにならない雰囲気になってましたね、車の中」


後日、廃屋について両親に詳しく尋ねたところ、元の住人はI君の祖父の兄弟で、奥さんと息子に先立たれ、八十を過ぎてその家で首を吊って自殺しているとのことだった。

「身内の中でも秘匿されていたようです。俺も改めて聞くまで知らない事実でした。死に方が死に方なので、親類の誰も手をつけようとせず、結果的に放置されていたというわけで。そんなの、来歴だけなら十分幽霊屋敷の条件整ってるじゃんって思いましたね。もちろん、それ知ってたら忍び込んだりしませんでしたよ」

今では半分笑い話として、この件を持ちネタのように語るI君だが、例の廃屋には二度と近づく気はないそうだ。

体は反応した

　現在三十代のH氏が小学一年生だった頃の話。

「自分で言うのもアレだけど、イタズラ坊主でね、子供の頃は毎日のように怒られてたんだよな。うん、どっかで大人の『甘さ』に付け込んでいたところはある、こいつら怒るフリはするけど、それはあくまでフリなんだって」

　果たして本当にそんな達観した子供がいるのかという気もするが、H氏の弁によれば、周囲の大人の感情を見切った上で、好き勝手な行動をとることに満足感を得る子供だったようだ。

「ただねぇ、親父だけはイマイチ読めなくて、俺が何か悪さをしても、大声で怒鳴ることも、手を出して来ることもなく『イタズラすると○○様に渡すことになる』とか『○○様にお願いするぞ』とか、そんなこと言うだけでね、誰だよ○○様っていう」

彼の父親は一般的な勧め人で、アウトローな関係の知り合いがいるわけでも、怖そうな人物と仲が良いわけでもないそうだ。ことある度に『○○様』の名前を出してきたが、言われたところでどんな人物なのか想像もつかないH少年は、そんなことで子供を黙らせようとする父親が小賢《こざか》しいとすら思っていた。

「いやホント、そういう子供だったんだよ。そりゃ初めのうちは『○○様』を警戒して多少ビビりはした、でも、もっと小さい頃から同じ文句で脅して来るのに、一度も○○様なんて来ないし、見たこともないんだから、鼻で笑うよね、そんなの」


その年のクリスマス、H少年は繰り返すイタズラが祟り、プレゼントを貰うことができないという事態に陥《おちい》った。母親の言い分としては「サンタさんは悪い子のところには来ないよ」というものだったが、そもそもH少年はサンタの存在など信じていなかった。

「それでさ『嘘つき!』って暴れたんだ、サンタ云々は方便で、結局俺のことをナメてるだけだろお前らはみたいなね、そんな気持ちで。結局、そういう大人の『嘘っぽさ』が何より気に入らなかったんだと思う、子供扱いされることが許せないんだな」

欲しい玩具がかかっている局面、H少年は暴れに暴れ、どうにかして母親からの譲歩を引き出そうと奮闘した、が、そんな彼に対し、父親が冷ややかな態度で「おい、○○様呼ぶぞ」と一言。

「ホラ来たと思った、だからさ『サンタも○○様もいないでしょ』って、言ってやったんだよ、都合よくガキ丸め込めると思ってたら大間違いだぞって」

勝ち誇るようにそう言い放ったH少年に向かい、父親は心底嫌そうな顔をしながら「じゃ、遭《あ》うか」と呟くように言った。

「こっちも引くに引けないからさ、どうせまた来ねぇんだろとタカをくくって『いいよ』なんつって、ついでにサンタも一緒に連れてこいって」

その夜は、それで終わった、しかし数日後、深夜。

「寝てたら、いきなり体を揺すられてね、目を開けたら、オヤジが俺を見てた。あ、これ従兄弟が死んだ時と同じ顔だって、マジな顔だなって」

戸惑いつつ体を起こした彼の手を引き、父親は無言で玄関の方へ進む。

そのままの勢いで靴を履くよう促され、パジャマのまま外に連れ出される。

数歩歩いた庭先で、くんっ、と鼻先を嫌な臭いが掠めた。

道路の真ん中に、誰かいる。

父親はその人物を指差し「今日からアレが、お前のお父さまだよ」と言う。

路上の人物は、どう考えてもマトモには思えない風貌。

「白いひげが腰まで伸びてて、痩《や》せたヤギみたいでさ。不潔なんてもんじゃない、汚すぎて不気味っていう別次元。とにかく臭くって、近寄りたくもないいんだけど」

父親は、その人物と言葉を交わすこともないまま、息子の背を押した。

思わず後ずさるH少年に、前方の男が「おいで」と可笑しそうに笑みを作る。

「ちょっと待ってくれって、これが『○○様』なら予想と違いすぎるぞと」

父親は無言でグッグッと息子の背中に圧をかけ続けながら「お父さまです、あれがお父さま、お前のお父さまのアレのお父さまのお前の」と何かを唱《とな》えでもするように呟く。

――嫌っ！

そう言って、後ろから押して来る父親にしがみつくH少年。

記憶はそこで途切れ、気付けば朝、自分の部屋、布団の中。

夢だったのだろうか？　しかし鼻腔には、微《かす》かにあの臭いが残っている。

恐る恐る居間に行くと、いつもの光景、何事もなかったかのような両親の姿。

「あれだけビビらせておいてシレっとしてるんだから、大人ってエゲツネぇことすんだなって、こりゃ敵《かな》わねぇなと」

大人なのか子供なのかわからないような感想を抱きつつ、H少年は以降、意識的にイタズラを止めた。あんな汚い人物には二度と遭いたくなかった。

怒られることが無くなれば「○○様」という名前も出なくなる。気になりはしたが、触らぬ神に祟りなし、両親が何も言わないのならば、自分も何も言わない。

「怖かったからさ、なんなら夢だったほうが良いわけだし、親の本気は十分わかったから、後は下手に刺激しないようにって」

その夜の出来事は、そのうち日常に溶け込んで薄くなり、しばらくが経った。


「ナマハゲってあるでしょ？　あれの亜種だったのかもなと」

高校生になったH君は、テレビで秋田のナマハゲの模様が流されているのを見て、ふと思いついた。

「今はもうやってないけど、俺が子供の頃はうちの近所でもそういう行事があったのかなと思ってさ『○○様』っていう」

確かに、似たようなイベントは各地にある。

「そんでまぁ、オヤジに訊いてみたんだよね、あの夜のこと」

――なんとか様ってあったじゃん？　あれ、ヤバかったけど、今やってないの？

何の気無し、冗談めかしてそう言ったH君に、父親も、側にいた母親も不審な顔を向け、眉間《みけん》に皺《しわ》を寄せる。

「なにそれ？　って、首傾《かし》げてさ」

ことのあらましを説明するも、二人はきょとんとするばかり。

では、夢だったのだろうか？　確かに現実離れした異常な出来事ではあったのだし。

「うーん、うちの親は『○○様』のことも知らないって言うんだよ。あの夜のことだけなら『夢だった』で片づけていいんだけど、イタズラするたびに『○○様』の名前出されてた俺にしてみれば、どう考えてもおかしいんだよね」

ここまで伏せてきたが、実はH氏は「○○様」の○○に該当する固有名を覚えていない。

「だからさ、トラウマみたいなもんなんだろうなと、あの夜のこと、子供なりにやっぱりショックで、ストレスに対応するように、忘れるべくして忘れたんじゃないかって」

であれば、その出来事そのものを忘れてしまえば良いようなもの。

「うん、まぁ、そりゃそう。ただあの日、ナマハゲで泣き叫ぶ子供をテレビで見なければ、俺も多分思い出さなかっただろうね。あるいは、その方が良かったのかもな」

というのも、当時、両親に「○○様」の話をしてから数日後、H氏宅に一本の電話がかかってきたのだという。

「変な電話でさ『お父様が当院へおいでになられた際に、忘れ物がございまして』って、なんかそんなことを捲し立ててすぐに切れたんだ。で、俺、その電話の声聞いた瞬間に動けなくなっちゃって」

電話中、鮮明に思い出されたのは、あの夜に嗅いだ嫌な臭い。

「なんでなのかはわからない。ただ、どうもその声、あのヤギみたいなオッサンのそれなんじゃないかって直感してさ、俺」

受話器をもったまま、ブルブルブルブル、と体が震え出し、止まらなくなった。

「変な話、記憶としては曖昧で、親は知らないって言うんだけど、俺の体は覚えてるんだよね、多分、だから――」

体の記憶に従うなら、両親は、おそらく自分に嘘をついている、と結論付けるしかない。

「じゃあなんでそんな嘘つくんだよって、そりゃ、付き合いあるからだよね『○○様』と、だって電話かけて来るんだし、内容から言ってオヤジは会ってるみたいだし……それにさ……いや、でもゴメン、これ、別に幽霊の話でもなんでもないよね、子供の頃に小汚いオッサンに遭わされて、親がその人と知り合いだっていうだけだもんな、うん、なんか、ごめんなさい」

いつの間にか涙目になったH氏は、小刻みに体を震わせながら、そう語った。

何か語り得ぬものがあるのだろうと察したが、これ以上は無理そうだった。

電話のことは、今も両親には伏せているとのこと。

人魂の子供

居酒屋で居合わせた会社員のB氏から伺った話。

今から四十年ほど前、当時B氏は中学生だった。

「うちの親父は飲んだくれでよ、酒入るとダメなんだ、とことんまでいっちまう」

その日も地区の寄り合いでしたたかに酔っ払った父親は、殆ど足腰が立たなくなった。

家にかかってきた電話で、その惨状を聞き及んだB少年の母親は、息子に父親を迎えに行くように頼んだ後、しくしくと泣き崩れた。

「嫌で嫌で、ホント気乗りしなかったね、でも母ちゃんに泣かれちゃなぁ」

体の大きい彼にとって、父親を担ぐことぐらい苦にはならなかった。

しかし、酔っぱらっていると話が違ってくる。

「大声で怒鳴ったり、ションベン漏《も》らしたり、誰彼構わず声かけたりね、うるせぇのよ、黙れっつっても黙んねぇし」

中でも、家族に関する愚痴を聞かされるのが一番堪《こた》えた。

「母ちゃんとか、祖母ちゃんとかの文句な、そんな話聞きたくねぇよっていうようなのを、くどくどくどくど喋んだよな、ほんと、ガキにおぶさってよ」

これまで幾度も経験したそれらを思い出しながら、暗澹《あんたん》たる気持ちで集会場に向かうと、案の定、父親は寝ゲロ状態で伸びていた。

周囲の人々に頭を下げ、意識を失い虚脱した体を背中に乗せてもらう。

「そのまま寝といてくれよって、起きると面倒だから」

何もなければ、集会場から家までは歩いて二十分程の距離。

急いで転びでもしようものなら、脱力している父親を一人で背中に乗せるのは困難だろうと判断し、足元に気をつけながらゆっくり夜道を進む。

「そしたら、家まで三分の一ぐらい進んだところでさ」

――おい、見ろ、おい。

父親が、背中でしきりになにか喋りはじめた。

当初は酔っ払いの戯言《ざれごと》だと無視していたB少年だったが、あるモノを目にし足を止める。

「なんて言ったらいいのか、まぁ、ああいうのを人魂って言うんだろうな」

目前を白くて丸いモノが、急加速と減速を繰り返しながら飛んでいた。

「のろのろしてないんだ、速いときはものすごく速く動くし、止まるとホバリングするみたいに弾む動きで滞空してる」

それはある一定の空間を縦横無尽に飛んでおり、まるで彼らの行く手を阻《はば》むようだった。

思わず後退《あとじさ》るが、背中には父親がいる。

一人なら走り抜けることも可能だろう、しかし今は状況的に難しい。

転倒でもしようものなら目も当てられない。

――おい、見えるか、あれ。

背中の荷物野郎の楽しそうな声に舌打ちしながら、B少年は考える。

どうあれ、現状を受け入れなければ。

いくら体が大きいとしても、中学生の体力、限界がある。

回り道をすれば途中で息切れし、父親を降ろすことになるだろう。

であれば、このまま直進する以外にない。

「怖かったよ。ぶつかる可能性もあったし、そうなった場合にどうなるかわかんねぇしな」

意を決し、一歩、二歩と足を進めた時だった。

――おいコラ、なんだぁテメエ！

背中から響いた、酔っ払いの一喝。

「おいおいって、思ったら」

次の瞬間、白い球はビクッとしたような動きを見せ停止すると、空中でゆっくり二回、上下運動をした後、近くにあったカーブミラーの中へ逃げ込むように消えていった。

――ハハハハハ、人魂の子供だ。

呑気そうにそう言い放つ背中の馬鹿を落とさないように注意しながら、B少年は気持ち足早にミラーの前を通り過ぎる。

「入って行ったってことは出てくるってことでもあるだろうしな、通り過ぎた後の方が怖かったな、追いかけられたら逃げ切れねぇもの」

幸いなことにその心配は杞憂《きゆう》に終わり、二人は無事に帰宅した。

再び眠ってしまった父親を布団に寝かせ、部屋に戻ったB少年は、改めて震えたという。

「酔っぱらってたのは親父であって俺じゃない、でもあれが幻覚の類じゃなけりゃ、一体なんだったんだろうって」

その答えは翌日に出た。


「うちの近所にさ、○○ちゃんっていう体の弱い女の子がいたんだ」

彼女はB少年より年下で、まだ小学生だった。

「次の日、学校にいく途中で、その家に鯨幕《くじらまく》が張ってあった」

それは昨晩、白い球が飛んでいた場所の真向かい。

「○○ちゃんは入院していて、結局家に帰れないまま亡くなったらしく」

すると、つまり。

「あれ『人魂の子供』じゃなく『子供の人魂』だったんじゃねえかなと」

幼くして亡くなった魂が、天に召される前に家に戻って来ていたのだとしたら。

——おいコラ、なんだぁテメエ！

「馬鹿な酔っ払いに怒鳴りつけられて、怖い思いしただろうなって」

考えれば考えるほど、ふつふつと怒りが湧く。

その怒りを抑《おさ》えるように日中を過ごし、放課後。

足早に帰宅したB少年は、二日酔いの苦しみから逃れるべく今まさに迎え酒に挑まんとしている父親の頭を思い切り殴った。

「仇《かたき》とったぞ、ってな」

話している内にも酒が進み、殆ど泥酔に近い状態になったB氏は、そう言って酒を注《そそ》いでくれた。

悔しい初体験

唐突だが、怪談作家の黒木あるじ氏とは、かれこれ二十年ほどの付き合いだ。

彼は同じ大学の先輩であり、私を怪談稼業に引っ張り込んだ張本人でもある。

後輩として、友人として、数年前までは事あるごとに顔を合わせていたが、新型コロナウイルスの流行が始まってから、しばらくご無沙汰していた。

そんな折、知人から前々話「体は反応した」のH氏を紹介された際、何故か黒木先輩の顔が頭に浮かんだのだった。

そういえば最近は話もしていないなと思い至り、その晩、彼に電話をかけた。

特に用事があるわけでもない、挨拶もそこそこに、さて何を話そうかと頭を巡らせ始めた私の口から、不意に「ちょっと付き合ってもらえませんか？」という言葉が出た、
あまりにも唐突な申し出、自分で言っておきながら妙な気持ちになっていると、スマホ

の向こうから「構わないけど、どこ?」との返答。

場所を伝えたところ、黒木先輩は「ああ、そこはうちの母親の故郷だよ」と言う。

おや?　どういうことだろう?

どうも都合が良すぎる、聞けばそれなりに土地勘もあるそうだ。

渡りに船ではあるものの、この時点で、何だか怪しい気配はあった。


当日、黒木先輩と落ち合い、電車に乗ってH氏の元へ向かう。

道中では、お互いにコロナワクチンの副作用に苦しんだこと、行きつけだった飲食店が潰れたこと、怪談業界の新しい人達のことなどを話した。

何だかんだで二十年、共通の知人も多く、話題には事欠かない。

体感としてはあっと言う間に現地に着き、H氏にお話を伺う。

詳しくは既に書いた通りだ、貴重な体験談を頂いた。

その後、一泊予定であった我々は、近場のホテルにチェックインした。

何なら幽霊が出そうな民宿でも探そうかという話もあったが、翌日の都合もあり、お互いにとってアクセスのよい場所を選んだ。

日暮れの時間に差し掛かり、じゃあどこかで飯でも、酒でも、ということで街場に繰り出すと、コロナ禍の影響がそこかしこに見られる風景。

選り好みしている間に営業時間が終了しては元も子もないと、赤提灯《あかちょうちん》に滑り込む。

黒木先輩は主に飯を、私は酒をメインに注文し、黙々と飲み食いする。

感染防御の観点から、へらへら喋っているると怒られるのではないかという気もしており、思ったよりも盛り上がらない夕餉《ゆうげ》、になるかと思いきや、カウンターで一人飲んでいた男性が座敷席の我々の前まで来ると「あんたら観光で来たの？　こんな時期にありがとね！」と握手を求めて来た。

黒木先輩がその手を取り、ぎこちなく笑っているのを見ながら「ここだな」と思う。

一見の客同士がべらべら喋っていたのでは店主から冷や水をかけられることもあろう、しかし地元の客を交えながらであれば、多少盛り上がったところで注意もされまい。

既にそこそこ酒が入っていた私は「どうもどうも、何か怖い話、無いですか？」と切り出した。酔っ払い相手に話しかけるのであれば、それぐらいでちょうどいいという判断だったが、黒木先輩はそんな私にバツの悪そうな顔を向けた後、取り繕《つくろ》うように名刺を取り出した。

訝し気にそれを眺め、へぇ、とか、ふーん、とか言っていた酔客は、やがて何か思い出したようにカウンターに戻り、自分のボトルとグラスを手に座敷席に上がり込んで来る。

そして得られたのが前話「人魂の子供」である。

思いのほか良い話を頂いたことでテンションが上がった我々は大いに盛り上がり、話を提供してくれたB氏の名前で焼酎のボトルを入れ、お礼を言ってから別れた。


気が付けば、間もなく日が変わる時間帯。

最終的には飲み屋の店主も交えての場となったため、暖簾を降ろした店の中で長居させて頂く格好になり、ついつい飲み過ぎた。

まだ飲み足りない私は、何ならホテルでもう一席、と考えていたのだが、黒木先輩はその誘いには乗らず「君も早めに寝たまえよ」と言って、部屋に入った。

それから小一時間、ホテルの自販機で購入したハイボールを飲みながら自室でテレビを眺めていると、やがて強い眠気に襲われ、ベッドに入って電気を消した。

しかしどうも、部屋が明るく感じる。

あれ？　照明はもう点いていないのに、どうしてこんなに明るいのだろう？

そんなことを思っているうちに、突然、体が動かなくなった。

どういうわけか、ものすごく窓の外を確認したいのだが、体を起こせない。

それどころか、手足も動かせない、首は辛うじて動くが、鈍い。

おいおい、これは、金縛りってやつじゃないか？　そうであれば、初体験。

酔っぱらって気が大きくなっていたのが幸いし、恐怖感は全くなかった。

何か、幽霊的なものが見えないだろうか、視線を動かすも、何も見えない。

ただ、やはりなぜか窓の外が気になる、見たい、窓の外を見たい。

と、不意に意識が途切れた、気を失ったのか、単に眠ってしまったのかはわからない。


次の日は快調な目覚めだった。

そのまま朝食の会場を訪れ、黒木先輩と一緒に食事を摂る。

ホテルをチェックアウトした後、予定通りの電車に乗り込んだ我々は、途中の駅で挨拶もそこそこに別れ、それぞれの帰途についた。

一人になって電車に揺られているうちに、思い出す。

あ、そう言えば、金縛りに遭ったんだ俺は、と。

途端《とたん》にこみあげて来る、なんとも言えない悔しさ。

金縛りだけでは弱いのだ、怪談として。

話の都合上、人魂の一つでも見ることができていれば違ったのだが。

あるいは、矢鱈と気になったあの窓の外に、何かいたのではないだろうか？

であれば、本当に惜しいことをした。

そうだ、黒木先輩はどうだろう？

今頃になって金縛りに遭ったことを思い出してでもいないものか。

ただの金縛りであっても、一人より二人の方が説得力があるのだ、怪談として。


その日のうちに、黒木先輩に電話で連絡を取った。

なんなら金縛りでなくてもいい、昨晩、何かなかったかと。

すると彼は「おお」と短く声をあげ、今回のことを自著に書くと言う。

金縛りではないらしい、でもやはり、彼は彼で何かあったようだ。

怪談絡みで自宅が燃え、ニュースにまでなった男である、隣の部屋で後輩が金縛りに遭っていたのだから、むしろ何も無い方がおかしい。

電話でのやりとりにおいて、その内容は伏せられたが、私の初体験になんらかの解釈を齎《もたら》すものであることを期待している。

先入観と仮説

R君は数年前、アパートの近所に住んでいた老婆と親しくなった。

特に何かしてあげたわけでもないのだが、道すがら顔を合わせているうちに挨拶を交わすようになり、やがて立ち話をする間柄に。

「一人暮らしの婆ちゃんで、会う度に栄養ドリンクをくれるんです」

R君はカフェインを好まないため、もらったところで栄養ドリンクなど飲まない。しかし「ホレ、頑張って」と手渡ししてくれる老婆の気持ちが嬉しく、差し出されればありがたく頂くようにしていた。

「自分のことを応援してくれている人の気持ちを蔑《ないがし》ろにはできないですよね、お礼を言って頭下げるとニコニコしていたし、僕も嬉しかったのは事実なんで」

ただ、飲まない以上、ドリンクは溜まっていく。

「友達が遊びに来た時に持って行ってもらうようにはしていたんですけど、婆ちゃん、会う度に毎回くれるので、冷蔵庫にはいつも五、六本ぐらいのストックはありました」

大学生の一人暮らし、どうせ殆ど何も入っていないような冷蔵庫だったので、多少かさばったところで何の問題もなかった。

「その時は十本ぐらいは溜まってたんじゃないかな」

ある日、冷たくしていた麦茶を飲もうと冷蔵庫を開けたR君は、中で栄養ドリンクのビンがことごとく割れているのを見た。

中からがこぼれ出た薄黄色の液体が飴状に凝固し、冷蔵室はベタベタ。

「冷やし過ぎたせいかなとか、思いはしましたけど、別に温度調節変えてないんで」

麦茶を入れていた容器もガラス製なのに、そちらは割れていないことから、何かしら特殊な原因があるのかも知れなかった。

「いやでも、どんな原因ならこんなこと起こるんだろうなと」

考えれば考えるほど、嫌な予感がした。

自分はそもそも、栄養ドリンクなど買わない。

ではなぜそれが冷蔵庫に入っているのかといえば「お婆ちゃん」がくれたからある。

もちろん、一本だけ割れていたという程度なら、自分の不注意を疑っただろう。

「一度に全部ですからね、ビンは割れるものとはいえ、普通じゃないですよ」

これは、何かあったのではないだろうか？

不安に駆られたR君は、アパートを出ると、老婆の家へ向かった。

いつも立ち話をする平屋の前に立ち、中の様子を窺う。

「洗濯物を取り込んでいました、普通に元気そうで」

杞憂で良かった、胸を撫でおろし帰宅したものの、こうなるとビンが割れた理由が宙づりになり、わからなくなる。

「やっぱり、温度の関係かなとか、思ってたんですよ」

冷蔵庫の掃除も終え、のんびり読書をしていた夕方、サイレンの音が聞こえた。

救急車のものと思われるそれは、彼のアパートにどんどん近づいてくる。

「あ、しくじったかも、と」

外に出て見ると、案の定、救急車は老婆の家の前に停まっていた。

「お婆ちゃん、庭に倒れていたみたいで」

通りがかった人間がたまたまそれを発見し、救急要請したらしかった。

結局、老婆はそのまま、亡くなったそうだ。

※

「僕、ビンが割れているのを見た時『お婆ちゃん亡くなっているのでは？』と思ったんです。何日か会っていなかったし、一人暮らしだったので、誰にも見つかっていないとかだったら嫌だなって。だから洗濯物を取り込んでいる姿を見て安心しちゃったんですよね」

つまり、その時点において、R君は「ビンを割ったのは亡くなった老婆なのではないか？」という仮説を立てていたということになる。

「でもそれは間違いで……なんなのかはわかりませんけど、お婆ちゃんを守っている何某かの存在がいたんだとすれば、倒れる前、危なくなっているからこそビンを割って僕に知らせたわけじゃないですか？　助けてあげてくれって」

栄養ドリンクのビンが全て割れていたという状況から、生きていた老婆の危機までを予測しろというのは、いささか無理があるようにも思えるが、R君は譲らない。

「いや、あれは僕の過失です、だって家までは行ったのに『生きてた』って安心してそのまま帰ってきたんですからね。老人、孤独死、腐乱死体みたいな先入観があって、それだけに気を取られ過ぎていました。うん、しくじりましたね、完全に。情けないです」

河原の彼

水商売をしている二十代の女性、Uさんから伺った話。

「うちの実家、ド田舎で、近くにそこそこ大きな川が流れてんのね」

夏になると鮎《あゆ》を狙った釣り人が多く訪れ、朝から賑わう清流。

地元を離れ都会で暮らしている彼女も、帰省の折には懐かしく眺める故郷の原風景。

「うん、今でも、川っていうか、河原をね、ついつい見ちゃう」

彼女が川より河原を気にするのは、ある理由があってのこと。

「私、兄妹もいないし、近所に同い年ぐらいの友達もいなかったから、小さい頃は一人遊びするしかなかったんだ。だからまぁ近くにあるし、行くよね、河原」

両親や祖父母からは「危ないから一人で行くな」と何度も注意されたが、その目を盗んで河原に下り、拾ったゴミを流してみたり、むやみに石を投げてみたり、好きなように過ごしていたそうだ。

「親の言いつけを破るからこそ楽しいっていうのはあったな。でもまぁ、子供なりに気をつけてはいて、川に入ろうとか、それまでは思ってもやらなかったんだけど……」

ある日、気が付けば川に入っていたことがあった。

「河原に行くと、いつも男の子がいたのね、ソイツに唆《そそのか》されたんだと思う、自分一人では絶対に川になんて入らないし」

Uさんと同じぐらいの背格好で、夏でも冬でも半そで半ズボンという、平成の世には珍しい格好の少年だった。

「服着たまま川に入ってて、泳げないから水際でカニとったりして」

びしょ濡れで帰宅後は、もちろん親にしこたま怒られた。

「私もさ、昔からナマイキだけが取り柄みたいなところあるから、怒られると意地になるんだよね」

その後も、懲りずに見知らぬ男の子と遊ぶ日々。

「今思えば、どこ小？　とか気になりそうなものだけど」

彼女によれば、名前すら聞いたことがなかったらしい。

ただ河原には彼がいて、いるから一緒に遊んだのだと。

「夏の暑い日も、雪降ってる時も、アイツが薄着で動き回ってるのを見た記憶があるから、少なくとも一年ぐらいは一緒に遊んでたはず」

しかし、ある時を境に、Uさんは河原に下りるのを止めてしまった。

「アイツ、それまでは普通に喋れていたのが、その日河原に行ったら、何言ってるかわかんないの。『もじゃもじゃぴー』みたいなことしか言わなくなってて」

当初、ふざけているのだと思った彼女は、それなりに付き合ってあげたそうなのだが、何を言っても「もじゃもじゃぴー」としか返してこない男の子にだんだん腹が立ってきた。

「馬鹿にされてると思ったんだろうね、なんだコイツって、頭に来て、平手で、こう、スパーンと頬っぺた叩いたんだ」

その直後、どういうわけか男の子は完全に動かなくなってしまい、文字通りウンともスンとも言わなくなった。

「ヤベぇと思って逃げた。だって、立ったままホントに動かなくなっちゃったから。あれ、何年生ぐらいだろ、小四とか？　アイツ、それからずっと、同じ場所で同じ姿勢のまま河原に立ってるの、今でも」


早い段階から、幼心にも「しまった」とは思っていたらしい。

「次の日の朝にまだ同じ場所に立ってるから、死んだんじゃないかと」

そのため、無関係を装《よそお》うべく、河原に近づくのを止めた。

「私の平手打ちが原因としか考えられないし、だったらマズいなって知らないフリした」

子供の頃の判断に今更何を言っても仕方ないのだが、何よりUさんがマズい。

「その河原、近くの橋から丸見えだから、子供が動かずに突っ立ってるんなら、誰か大人が様子を見に行くはずなの、人通りだって結構あるし。そもそも親がいるんなら、一日でも帰って来なければ大騒ぎでしょ普通。でもさ、何もないんだよね、騒ぎもなんも」

彼が実在する人間であるのならば、確かに騒ぎにならないのはおかしい。

「最初のうちは、いつ逮捕されるのかビクビクしてたけど、誰も気づかないから、なんか違うんじゃないかなって思い始めて」

決定的だったのは、それから少しして、河原で地区の芋煮会が開かれたことだった。

「アイツが突っ立ってる横で、大人が酔っ払って騒いでるの見て、ああ、これやっぱ大丈夫なヤツなんだって、ホッとして」

それから二十年近く、彼はまだあの時のまま、河原に立っている。

「なんなんだろうね、私も『まだいる、まだいる』と思い続けてるうちに大人になっちゃった。私以外誰もアレに気付かないようだし、たぶんずっとあのままだと思う」

助けてあげないのだろうか、もう一度平手打ちをしたら気が付くかもしれない。

「いや、今動けるようになっても一緒に遊べないし、もし恨まれてたら嫌だしね。そういう意味ではあのまま立ちっぱなしになってくれてたほうが安心。むしろ私としてはアイツが河原からいなくなった時の方が怖いよ。だからつい確認しちゃうんだ、まだいるなって」

フタを開けたら

「叔父の葬儀があって、寺にいたんですよ」

「それは、普通のお寺?」

「普通の寺、別になんの曰くもない、地元の寺」

「ほうほう」

「そんで、読経が始まったぐらいでションベンしたくなって」

「あるよね、そういうこと」

「焼香はまだ始まってなかったんで、今のうちにと」

「便所に?」

「そう、本堂から出て、小走りで近いトイレに入って」

「和式?」

「いや、一応洋式、和式の大便器に洋式のガワだけ被《かぶ》せたみたいな」

「ああ、知ってる、見たことある」

「それで、便器のフタ開けたんですけど、そこに顔があって」

「顔?」

「顔。顔があってこっちを見てて」

「なにそれ、そんな話ある?」

「あるんですよね、自分でもどうかと思いますけど」

「どんな顔?」

「普通の顔でした、怖いとかいう感じじゃなく」

「男? 女?」

「中年ぐらいの男だと思います、髭《ひげ》生やしてて」

「実際の人ではないんだよね?」

「トイレの中ですからね、さすがに」

「それで?」

「俺、驚いて『ひゃああ』みたいな声出して、滑って転んだんです」

「そりゃ驚くよね」

「そしたらその拍子に後ろのドアに頭ぶつけて」

「強めに？」

「けっこう強めに」

「その瞬間に、こう、ふわーっと『抜けた』んです」

「え？　なにが？　どういうこと？」

「だからこう、魂？　みたいなのが体から抜けて」

「え？　ちょっと待ってどういう話これ」

「たぶん幽体離脱ってやつですよね？　頭打った後なんで」

「頭打って、魂抜けた？」

「たぶん。それで、次の瞬間には視点が切り替わって、トイレの天井辺りから見下ろしてるんですよ、倒れてる自分を」

「魂抜けたから、浮き上がったっていうこと？」

「そうなんですかね？　そうなんでしょうね」

「便器の顔は？」

「どうなったか憶えてないんです、それどころじゃなかったんで」

「あー、まぁ、そりゃそうか」

「ええ？　なにこれ！　って、ものすごい動揺してたから」

「うん、そうなるよね、そうなれば、で？」

「どうしようもないんで、自分の体見下ろすんですけど、まだ驚いてて『ひゃああ』って言いながら足バタつかせてんですよ」

「体が？　どっちが？」

「だから、体が、本体が。魂の俺は上から見てるんで」

「あー？　魂抜けたのに、本体は動いてたの？」

「そうですそうです『ひゃああ』つって、足バタバタして」

「そんなことってあるの？」

「あったんですよ、で、俺、その驚いてる自分見てたら笑けてきて」

「うん、うん」

「自分で自分の姿見て、笑っちゃったんですよね」

「うん」

「いつまでやってんだよ、つーかお前誰だよっていう」

「うん、ごめん、うん、それで？」

「完全にツボに入って、ものすごく可笑《おか》しくなって」

「魂で」

「魂で笑い続けてたら、ほんとに笑いそのものみたいになってきて」

「どういうこと？」

「自意識が削れていって、笑うだけの存在？　になるっていう感じで」

「結局どうなったの？」

「気付いたら病院にいて、頭の検査とか終わった後で」

「え？　どういう流れ？」

「なんかいつの間にか体に戻ったらしく、憶えてないんですけど便所でゲラゲラ笑ってるのを発見されて、様子がおかしいってことで救急車で搬送という」

「大丈夫だったの？　頭」

「いちおう、ハイ、コブができてたぐらいで、一泊だけ入院して、帰ってきました」

「いやー、良かったね、無事で」

「魂抜けちゃってたから、下手したら死んでたのかもと思うと」

「全体的にそういう感じじゃなかったからだけど、確かに危ないよね」

「命拾いしましたね」

「しかし最初の顔はなんだったんだろう？」

「わかんないっすね、頭打ってる手前、何言ってもそのせいにされるんで、誰も真剣に考えてくれなくて」

「突拍子もないモノ見てても、全部頭打ったせいって言われるもんね」

「死んだ叔父さんだったらわかりやすいんですけどね、顔」

「違うんでしょ？」

「違うんですよ、なんだったんですかね」

ピヨ介の遺棄

ピヨ介は、可愛い鳥だった。

「僕が小学生の頃に、家で飼っていたセキセイインコなんですけどね」

O君の祖母が、知り合いから譲ってもらい、小鳥の頃から丁寧に育ててきた。

手で握っても嫌がらないほどに人馴れした小さい家族。

青と白の羽毛、鏡が好きで、人の喋りを覚え、何でも食べた。

「インスタントラーメンとか好きでした、食べてるとねだってくるんです」

長生きなインコで、その時点でO君と同じ年。

家の中で放し飼いをしていたため、まるで兄弟のように育った。

そんなピヨ介をO君が潰してしまったのは、六年生の夏休みも終盤に差し掛かった暑い日の夕方。いつものようにじゃれ合って遊んでいたところ、何かの弾みで尻もちをついた彼は、ピヨ介の厭な鳴き声を聞き、自分がしでかしたことに戦慄した、ひぐらしの声が響く中、動かなくなったピヨ介を見下ろし、立ち尽くす。

「最初に考えたのは『お祖母ちゃんが悲しむな』ということでした」

毎日毎日フンを片付け、餌《えさ》や水を取り替え、夜には同じ部屋で眠っていた祖母。お祖母ちゃん子だったO君は、ピヨ介の死より、その死を嘆く祖母の気持ちを想像して泣いたそうだ。

「もちろんピヨ介が死んでしまったのは悲しかったですが、事故とはいえ、僕が殺してしまったので、その辺、変に捻《ねじ》れて悲しみが来たんだと思います」

どうあれ、変わり果てたピヨ介の姿を祖母に見せるわけにはいかない。

死んでしまったのだから取り返しはつかないが、逃げたということにすればまだ救いはあるのではないか？　小賢しく知恵を働かせたO君は、ピヨ介の死を隠蔽《いんぺい》することにした。

そうなると先ず、死体の始末をどうするか。

本当は、庭や公園の目立たない場所に埋めてあげたかった。

しかし、散歩に出ている祖母がいつ帰ってきても不思議ではない。

時刻は一八時、庭に穴を掘っているのを見つかれば確実に怪しまれるだろう。

「公園に行く時間帯でもないですし、かなり形の崩れたピヨ介を一時的にではあれ自分の部屋に隠しておくのも気が引けました」

正直なところ、その時点で既にピヨ介の死体が疎《うと》ましく思えてきてもいた。殺してしまった罪悪感と、死体を早くどうにかしなければという焦燥感、祖母への申し訳なさ、様々な感情が入り混じり、O君は自分の心に収拾がつけられなくなった。

「苦しくて、早く楽になりたくて」

ティッシュに包んだピヨ介を、自宅のトイレに流したのと同時に、祖母が帰って来た。

「ピヨ介は、僕が気付いた時にはいなくなっていたと言いました」

祖母は取り乱し、暗くなっても家の付近でピヨ介を呼びながらその帰りを待ち続けたが、帰ってくるはずもなく、結局、近所の猫に獲られてしまったのだろうという話になった。

「僕は泣きました、お祖母ちゃんが可哀相だったのと、ピヨ介を殺したことを黙っている苦しさで、泣くしかありませんでした」

もうピヨ介の鳴き声を聞くこともないのだと思うと、失ってしまったものの大きさに身震いするような気持ちになり、心底恐ろしくなったO君、けれどその認識は、思いもよらず覆《くつがえ》されることとなった。

「何日かして、トイレから、ピヨ介の鳴き声が聞こえるようになりました」

O家のトイレは汲み取り式で、下水道には繋《つな》がっていない。

汲み取り業者が来るまでは、ピヨ介は自宅地下の便槽の中。

用を足すたび、水を流すたび、待ってましたとばかりに聞こえる鳴き声は、楽しくじゃれあっていた時のそれ、そのもの。

O君にだけ聞こえる、ピヨ介の鳴き声。

それは祖母にも両親にも、聞こえていない音。

「もう、辛くって」

鳴き声はそれから一月《ひとつき》ほど聞こえ続け、汲み取り業者がバキュームカーで汚物を吸い上げて行って以来、聞こえなくなった。

トイレからピヨ介の声が失われた時、O君は改めて大泣きしたという。

浮遊体C

現在四十代のA氏が小学六年生だった時の話。

「僕は理科室が好きな子供でね」

試験管やフラスコなどの実験器具から、生物の骨格標本、様々な試薬の類まで、理科の授業で使う備品なら何を眺めていても楽しかったと語る。

「特に理科準備室には猫の脳神経系の標本とか、中身が崩れたホルマリン漬けとか、授業でも殆ど使わないようなのが保管されていたから面白かったな」

理科室も、その奥にある準備室も、子供には危険な品々で溢《あふ》れているため、担任の先生と一緒でなければ入室できない。

「だから理科の授業の準備や片付けを率先して手伝って、その合間に見て回るんだ」

六年時の担任は理科系の人間だったようで、A少年の態度に感心したのか、放課後に個別で色々と教えてくれたそうだ。そのうち、準備室に置かれている教材の一つ一つを細かく説明できるまでになったというから相当なモノである。

「好きこそなんとかってやつ、先生にどんどん質問しているうちに憶えちゃった」

しかし準備室には、そんなA少年にもなんだかよくわからないモノがあった。

「水槽みたいな、ガラスの箱」

何も入っていない、透明な箱。

「そんなに大きくなくて、三〇×四〇とかそんぐらい」

蓋の部分がボンドのようなもので固くとめてあり、開けられないようになっていた。

「それで手前側の面に『浮遊体C』って、黒い油性のマジックで書いてあった」

何かの標本だろうか？　と目を凝らしてみても、中は空っぽ。

「まず読み方がわからなかったから、先生に訊いてみたんだけど」

担任は「『ふゆうたいしー』だと思うけど、なんなのかわからない」と言う。

「割れるといけないから勝手に触らないようにって」

他の教師たちにも訊いてまわったが、誰一人としてその箱が何なのか知らなかった。

「一番古い先生が着任した時にはもうあったらしい。理科準備室だから、昔いた先生が置いていったモノじゃないかと言われた」

Ａ少年はそれが気になって仕方なかったという。

「なんでなんだろうね、不思議な魅力があった。『浮遊体C』っていう言葉がカッコよく思えたのかな……今となっては自分でも謎」

ことあるごとに覗いては、本当に空っぽなのだろうかと目を凝らすも、ガラス箱の中には何も見えなかった。

やがて、卒業を間近に控えた学年末のこと。

「たまたま当番で、焼却炉にクラスのゴミを捨てに行ったんだ」

すると、隣接するゴミ集積場に、例のガラス箱が置いてあった。

「浮遊体Cの箱、ええ？　コレ捨てるの？　って」

驚いて先生の所へ走り詳細を訊ねると、授業とは関係のない物品であると判断されたため、処分することになったのだと教えてくれた。

「しばらく前に僕が色んな先生に訊いてまわったのが原因だったみたい。結果的にそれまで見過ごされていたものをクローズアップする格好になったんだろうね…… 年度末だし捨てるにはいい時期だったのかも……それで、まぁ……」

その日、十八時すぎ、家に帰らないと親に怒られるギリギリの時間帯。

A少年は小学校のゴミ集積場で、浮遊体Cのガラス箱を抱えていた。

初めて持ったその箱は、想像よりも大分重たかった。

「先生に『欲しい』と言ってもくれなかったと思うんだ。だから下手なこと言わずに黙って持って帰ろうとしたんだよね、どうせ処分されるものならかまわないだろうと」

既に生徒は下校している時間帯であるが、職員室にはまだ明かりが灯《とも》っている。

ぼやぼやしていると帰り支度を終えた教師に見つかってしまうおそれがあった。

「それで、つい焦《あせ》っちゃって」

浮足立つ彼は、たった数歩進んだところで砂利《じゃり》に足をとられた。

「暗かったし、箱を抱えていたせいでバランスも悪かったから、派手に転んだ」

転倒と共に放り出されたガラス箱は、彼の目前で無残な姿になっていた。

「やっちゃったぁって、体を起こした瞬間だった」

A少年の眼前を、手のひらぐらいの白いものがふわりとかすめる。

「当時は、白いスカートをはいた妖精だと思った」

それは、彼の周りを数秒間ふわりふわりと飛んだ後、夕闇に紛《まぎ》れるように消えた。

＊

「なんだったんだろうね、アレ」

A氏は空を仰《あお》ぎ、眉間にシワを寄せながら唸《うな》った。

密封されたガラス箱には妖精が閉じ込められており、結果的にとはいえ、それを救いだしたということにでもなるのだろうか？

「いやでもさ、妖精の標本とか考えられないよね、あまりにも……」

確かに、どうやったら妖精をガラス箱に閉じ込めることができるのか、そもそも妖精なんてどこにいるの？　捕まえられるの？　と疑問は尽きない。

「あれから何度も思い返すんだ、あの時の光景」

スカートをはいた白い妖精が、ふわりと闇に溶けていく姿。

「いや、うーん、でも……」

どうやらA氏は頭の中で妖精の姿を何度も繰り返し再生しているようだ。

「大人になった今考えれば、あれ、妖精じゃなくてクラゲだったのかも知れない」

妖精とクラゲでは大分違う気もするが、A氏は真剣な様子。

「理科準備室にあったガラスの箱なんだから、妖精が飛び出るよりはクラゲが出てきた方が自然な感じするでしょ。水族館とかで見て『そっくりだ』って思ったこともあったし」

何も入っていないガラス箱を割ったらクラゲが飛び出し、宙を舞った後に闇夜に消えた。

「まぁ、リアリティを考えれば妖精よりはクラゲだよね、クラゲの霊」

なるほど、ならば最初から「クラゲ」と書いておけば良さそうなもの。

「そうなんだよねぇ『浮遊体C』とか書いてあるからわからなくなるんだよ。Cがあるなら A やBもあるのか？　ってことにもなるしね」

あったのだろうか？　AやBが。

「あったのかも知れないね、何が入っていたんだろうね」

A氏はそう言って、ハハハ、と笑った。

アベ？

三十代の主婦、Fさんから伺った話。

「子供がうちの家に入って来ようとする夢なんです」

四歳から五歳ぐらいの男の子、目がくりくりして可愛い顔だが、口を開けると中は真っ黒で、なんだか気の許せない雰囲気だった。

「最初の日は庭先に立っていましたね、そして『あべ』って言うんです」

彼女の生まれ育った町の方言で「あべ」とは「行こう」という意味があり、どこかに誘われているのかと思ったそうだ。

「口の中が黒いのが印象として強烈で、目が覚めてからも憶えていたんですけど、まぁ夢なので、深く考えても仕方ありませんからね」

何だか気持ち悪い夢だったなと振り返ったぐらいで、その日はすぐに忘れた。

「でも、また見たんです。同じ男の子が、今度は玄関前で『あべ』と言いながら、首を傾げる夢でした」

一日だけなら「変な夢だな」で済まされても、二日続けてとなると気になってしまう。

前日よりも男の子が家に近づいており、ぐっと迫って来ている気配もあったことから、不気味さを感じたと語る。

「自分をどこかに連れていこうとしているのかなとか。それにしても口の中が真っ黒ですから、あまり縁起の良い夢ではないなって」

Fさんは、もしかすると病気や事故の予兆かも知れないなどと考え不安になった。

「スマホ使って夢占いで調べたりしたんですが、よくわかりませんでした」

体に不調はなく、ストレスというほどの精神的負荷もない。

なにか悪い兆しでなければいいなと思いながら床に就いた三日目。

二度あることは三度あるとの言葉通り、その晩も彼女は男の子を夢に見た。

夢の中、既に彼は玄関の中に入り込んでいる。

これまでと異なったのは、それが殆ど明晰夢だったこと。

「気にしながら寝たせいか、今の状況が夢の中だってわかってるんです」

ここぞとばかりに顔をまじまじ見ると、可愛いながら賢そうな表情。

見つめ合っている中、男の子は黒い口を開き「あべ」と言った。

そこで、違和感を感じるFさん。

「語尾が上がってるんです「あべ」じゃなく「あべ？」っていう」

まるで「お前はアベか？」と訊ねられているようなニュアンス。

自分を誘い出すために玄関に上がり込んで来たのだとばかり思っていた彼女は、どうやら思い違いをしていたようだと悟った。

「それで『アベさん家なら道路挟んで向かいだよって』教えてあげたんです」

すると男の子はペコリと頭を下げ、玄関を出て行った。

以来、彼がFさんの夢に出てくることは無くなった。


同じようなデザインの分譲住宅が並ぶ、Fさん宅周辺。

「それから間もなくなんですよね、アベさんのご主人が亡くなったの」

急病だと聞いたが、特に親しいわけでもなく、詳しくは知らないという。

「あの男の子、間違ったのかなと、うちと、アベさんの家」

不吉な子供は、死を運ぶ存在だったのでは？　と彼女は疑っている。

「なのであの時『アベさんなんていないよ』と言ってたら、アベさんのご主人、亡くならなくて済んだのかもなって、そんなこと思うんですよね」

スキー場

一昨年《おととし》です、いや、だから行ったことは間違いないんですよ。俺はスノボなんてやったことなかったから、最初は全然滑れなくて転びまくってたんですけど、一緒に行った友達が「お前グーフィーなんじゃねぇの」ってアドバイスしてくれたんで、はい、左前じゃなく右前で滑ってみたら上手くというか、大分バランス取れるようになったの憶えてるんです。

初心者なりに結構面白くて、道具買って一人で行くほどじゃないですけど、誘われれば行こうかなぐらいの気持ちにはなって。そうですね、「グーフィー」なんて言葉、やらない人は知らないですよ、俺もその時初めて知ったんで、右前とか左前とか。

そんで去年、ちょうど同じぐらいの季節に、スノボ行こうぜって話になって。

俺も二回目なんで、もう少し滑れるようになればいいなって、そんなこと言ったんですよね、うん、そう、前の年に「グーフィーなんじゃねぇの」ってアドバイスくれた友達にです。

そしたらそいつ「え、お前スノボやったことあるの？」って、言うんですよ。いやいや、去年一緒に行ったよね、って、忘れてんじゃねぇよって、言い返したら不思議な顔して「え？　そうだったっけ？　どこ行ったっけ？」っつーんで、ほらあそこの、どこどこのスキー場だよって、名前まで憶えてなかったんで場所言ったら「そんなとこにスキー場ねぇよ」と。

はい、なんで、ちょっと言い争いみたいになったんで、スマホで検索したんですけど、出てこない、でも俺は行った覚えがあるし、グーフィーだって言われたし、憶えてるんですよ、だって知らなかったんですから、グーフィー、行ってなかったら誰に教えてもらったんだって話で、ええ、そんで、一緒に行ったんです、その場所、スキー場があった辺りに、車で。

――無いんですよね、スキー場、杉林なんですよ、どういうわけか。

あれ？　って、もう謝るしかなくて、いやでも、じゃあ俺は誰と、どこのスキー場に行ったんだってことになりますよね。はぁ？　って、トラウマじゃないですけど忘れられないですよねそんなこと、頭おかしくなったのかなとか、思いましたもん。

ほんでそっから、二週間ぐらいして、俺に「グーフィー」っていう言葉を教えてくれたはずなのに、なんでか教えてくれてないことになってたその友達が「スノボ行こうぜ」って言うから。

どこに？　って訊いたら「去年行ったとこだよ」って。

おいちょっと待てと、どこだよってなりますよね？　そもそもお前、この前は俺とスノボなんて行ったことないって言ってたし、それでケンカになって、スマホで検索しても出てこないから、実際に行ったら杉林で、俺は頭おかしくなったと思って、って。それで、スマホで検索したら今度は検索に引っかかったんですよ、スキー場、あったんですよ、この前調べた時は出てこなかったのに、行ったら杉林だったのに。

どういうことなんですかね？　一年でスキー場を杉林にして、二週間でその杉を伐採して、またスキー場を始めたったことなんですかね？　スマホで検索しても出ないようにして？　そんで俺にドッキリ仕掛けたのがアイツってことなんですかね？　いや、それならそれで、もうその方がいいんですけど、ホントマジで、誰か同じような人いないっすかね、なんなんすかこれ。

ケーキの味

子供の頃、歯医者に連れて行かれた帰りに、毎回ねだってましたね。

それを買ってもらえるからこそ、嫌いな歯の治療も我慢できていたんです。

え？　ああ、薄いスポンジケーキみたいなのをこう、くるくるっと巻いて、その巻きの中にクリームと果物の細かい角切りが入っている、そういうケーキで。

だから、そのケーキ屋は、間違いなくありました。

ただ、それを買ってくれていた母親は「そんな店なかったし、別に歯医者には嫌がらずに行ってた」と、そう言うんですよ。

でも僕にとっては、我慢して歯医者に行く理由そのものだったわけで、そのご褒美がなければ、歯医者についての思い出は泣き叫んで親に怒られてとか、そういうものになっていないとおかしい。嫌がらなかったなんてあり得ないんです。

親だけじゃなく、同じ町に住んでいた友達とか、親戚の人とかに訊いてみても、やっぱり皆、その店のこと知らないって……店に入ったことはなくても、あそこの駅前は人通りが多かった場所ですから、店構えくらいは知っていても良さそうなものなんですけども。

おかしいなと思ってネットで探しても一切記述がなくて、ほんの十年前にはあったハズなんです、いや、あったんですよ、私の記憶では。

はい、ですからこの「ケーキ屋の記憶」が決定的な引っ掛かりでした。

ここから芋づる式に、あれもこれも、やっぱり妙だぞって。

そうなんです、例えば人間関係にしても、あの人とこの人、どうしようもなく仲が悪かったのに、なんでこんなに仲良くしているんだろうとか、こいつとは中学は一緒だったけど高校は別だったのに、なぜか一緒の高校卒業したことになっているとか。

けっこう、微妙なところが食い違っているんですよね、僕の記憶と。

で、その違和感がどのタイミングで始まったのかというと、津波で町が流された日辺りが境目っぽくて。それ以前までケーキ屋はあったし、アイツらは仲が悪かったし、ソイツは別の高校を卒業していたんです。もっとも今となっては「私の記憶によれば」としか言いようがないんですけれど、それ以前はそんな違和感持ってなかったと思うんで。

ああ、いや、それがいやらしいことに、合っているところは合っているんですよ、なにもかもが記憶と食い違っているのではなく、大きな出来事に関しては整合性がとれてる。ほんとに些細《ささい》なというか、傍から見ればそこまで重大じゃないところが変になっているんですね。

多分、もっと躍起になって探してみると、更に色んなことが違っているんじゃないかなと思います、そうじゃなくても、日々生活していく中で「アレ？　そうだっけ？」っていうことが、これまで多々あったので。

うーん、もう慣れたっていうか、これはきっといつものアレだな、ぐらいの感じで受け流してきたので、今では正直なところ、どこがどう違っていたのか、正直わからなくなってきてもいます。

「いやコレは……」とか「アレ？　それって……」とか、震災後しばらくはずっとそんな感じで、まぁ当時はそれどころじゃないんで、疑問には思っても日々の流れに任せていました。

もっとも、より自分の人生に深く関わってくる出来事が記憶と食い違っているのなら、その時々でモメるかなにかしていたんでしょうけれど、最初にお話しした「ケーキ屋の話」が、一番重要だったぐらいの違和感なんで、第三者目線でいえば、どうでもいいって言われるようなことなんですけども……。

そうですね、ええ、十年一区切りというか、今になって、やっぱおかしいわ、なんなんだよ、と振り返られるようになったというか。

自分で言っててアレなんですけど「違ってる」というよりも「ズレてる」って言葉の方が近いかも知れません。自分の記憶と今の現実が、微妙にズレてる、んです、はい、これ間違いなくズレてると思います。証明のしようがないので、単に頭のおかしいヤツって思われるかもですが、ズレてるんです、絶対に。

地図ですか？　もちろん確認しましたよ、ええ、もう昔の町並みは流されて無くなっているので、ハッキリしたところは地図で調べるしかないので。

ケーキ屋、無かったです、流される前は新聞販売店だったようです。

地図見て泣いたのは後にも先にもあの時だけですね、怖いというよりも、悔しいというか、信じていたモノに派手に裏切られたような気持ちでした。

ふざけんな、こんなにテキトーなのかよって。

馬鹿みたいだなって思いました、一日一日、連続していて、いろんなものを積み重ねて今があるんだって、当たり前のようにそう捉えて生きてきたのに、そんなことないみたいですよ、現実そのものが、こっそりズレてるなんてこと、僕に限らずけっこうあるんじゃないですか？　腹立たしいですよね、なんか。

あはは、もちろん、僕自身がどうかしているっていう可能性もあります。

なんならむしろその方が良い。

でも、どう考えてもそうじゃないから、腹立たしいし、悔しいんですよね。

だから僕は、今の現実より、自分の記憶を信じます。

あのケーキ、本当に美味しかったので、思い出の味なんで。

なんやろねえ？

その日の夕方、大学生だったV君はアルバイトに行くため、ゆるい坂道を下っていた。

特に変わったこともない、穏やかな日、いつもの道をいつものように歩いていると、坂の中ほどに、老婆がぼんやりと直立しているのが見えた。

「なんか婆ちゃんいるな、と」

歩みを進める自分の方を向いて微動だにしないため、最初は睨《にら》まれているのかと身構えたが、近づくにつれ、老婆の目線はどこか遠くに向けられているようだとわかった。

「認知症？　徘徊してんのかなと思って」

身なりはきちんとしているものの、口を半開きにしてポカンとしており、少なくとも近場には目の焦点が合っていない、そんな老婆。

「チンピラにならまだしも、ボケた婆ちゃんにからまれたら困るよね」

そんなことを考えつつ、できるだけ見ないようにしながら、その側を通り過ぎようとした時だった。

「お兄さんあれなんやろうねぇ？」

老婆は遠くを見たまま、V君にそう言った。

突然話しかけられ、思わず足を止める。

予想とは裏腹に、しっかりとした発音で、あやしい様子はない。

「そんで婆ちゃん見たら、こうやって、向こう側を指差してんの」

その方向を見た瞬間、老婆が指し示しているモノがなんなのか、すぐにわかった。

下って来た坂の更に向こう、西日に照らされた山、その稜線より、やや上空。

「なんか浮いてんだよね、変なのが」

それは、如何《いかん》とも形容のしがたいものだった。

「『にゅるっとしてる』ってのが、最初に思ったこと」

距離としては、V君と老婆が立っている地点から、少なくとも一キロ以上は離れている。

その点を考慮に入れると、しっかり目視できている以上、それなりの大きさである。

「それがこう、ひゅるひゅるっと、白く光って見える。見え方だけでいえば、田んぼに張られているスズメ除けのテープみたいな、ああいう感じ」

特にどういう形、と言えるようなモノではなく、本来は目に見えないモノが、何故か見えており、その見え方だけを目で追っている、というような状況。

「スカイフィッシュって昔流行《はや》ったでしょ？　なんかああいう、形そのものが動きの軌跡みたいな、そういう」

街が夕日に染まる時間帯、全体的に黄色味を帯びた景色の中、ソレだけが違和感を放ちつつ、静かに滞空している。

「動いてはいるんだけど、移動はしてないというか。言い方難しいな」

時々、雷のように、ピカッと電気を発するように見えることから、なんらかの異常気象であるのかも知れないが少なくとも見知った分類の中に、似たようなものはない。

「山の稜線に近かったから、高圧電線とか？　そういうのの影響かなぁ、とも思った」

思ったが、高圧電線がどういう作用をすれば今、目に映っている状況を作り出すのかに関しては、見当もつかなかった。

さっきまでの老婆と同じく、坂の中腹でポカンとし、一キロ以上先の上空を見上げ、直立で微動だにせず、数分間、そのモノ、あるいは現象を見続けたＶ君。

しかし彼にはアルバイトの時間が刻一刻と迫っていた。

「あれなんやろうねぇ？」と問われ足を止めたものの、なんなのかわからない。しかし、それを見てしまった手前、黙って歩き去るわけにもいかない。

考えた結果、口から出たのは「あれＵＦＯなんちゃいます？」という言葉。

「いや、いわゆるＵＦＯとは全然違うし、メカっていうよりも、感覚としては生物に近いような気もしてたんだけど、未確認飛行物体ではあるわけだから、ＵＦＯで間違ってはいないしなと」

それを聞いた老婆は「ええ!?」と全身を使って大仰なリアクションをした。

「それ見て、俺も『良し！』と思ったから」

文字通り釘付けになってそれを眺めている老婆を置いて、彼はそそくさとアルバイトに向かったそうだ。

今から二十年ほど前、京都市山科《やましな》区での出来事だという。

あの娘の思い出

Yさんは、子供の頃から他の人には見えないものを見てきた。

家にずっといる無言の老婆が、両親には見えない存在だと知ったのが小学二年生の時。

怖いとは思ったけれど、似たような「ヤツら」は数限りなく身近に存在している。

いちいち慄《おのの》き、泣いていたのでは夜も眠れない。

学校の水飲み場にいつもうずくまっているオジサンも、小児科の待合室でせわしなく行ったり来たりしている血まみれのお姉さんも、通学路に半分埋まっているオバサンも、きっと自分にしか見えないモノたちだ、一人でどうにかするしかない。

両親には女の子なのに目つきが悪いと言われ、あまり好かれていないようだった。

しかし身の回りにいる「ヤツら」を鋭く睨み返さなければ、近寄って来てしまうのだ。

自衛のために身についたその表情が、「ヤツら」だけでなく、周囲の人間も遠ざけた。

でもそれで良かった、もし仲の良い友達ができてしまったら、きっと自分が見えているモノの話をしてしまうだろう、その子は怖がるだろうか、あるいは嘘つきだと罵《ののし》るだろうか、両親がそうだったように、どこか余所余所しく、距離を取るだろうか。

そんなことがあったら多分、心が持たない。決定的な断絶を受け入れるより、甘い寂しさのなかでじっと耐えている方がまだマシだ。


ニコニコ笑うクラスメイトたちの後ろにも、教壇で何か喋っている先生の横にも、下駄箱の中にすらソレは居て、じっと、自分がダメになるのを待ち構えている。

誰に相談したわけでも、何か本を読んで知ったわけでもない。

彼女にとって成長とは「ヤツら」と自身の関係を自覚していく過程そのものだった。

圧倒的な孤独の中、異常な速さで歳より老けていく自分の心。

これは死ぬまで続くのだと悟りきったのは小学五年生の頃。

肉体がダメになるよりも、精神が持たなくなるようにして、きっと自分は崩れてしまう。

遠くない未来に訪れるであろうその時を迎えることが、何よりも恐ろしかった。

できるだけ何も考えないようにして、楽しいも嬉しいもない日々を過ごしていた小学六年生の夏、親に無理矢理参加させられた、多地域交流の子供キャンプ。

そこで、Yさんは初めて、自分と同じ人間を目にした。

女の子、恐らく同い年。

そこかしこにいる「ヤツら」を巧妙に避け、できるだけ遠巻きに、できるだけ見ないようにしながら、時に睨み付ける。

そんな彼女の動き一つ一つが、まるで自分自身を見ているようだった。

初めて出会った同類、しかし班も違えばコテージも違う。

話してみたいと強く願うも、普段、殆ど誰とも口を利いて来なかったことが災いし、なかなか踏ん切りが付かず、近寄ることすら躊躇《ためら》ってしまう始末。

結局、話しかけることができないまま迎えた、最終日。

帰り際、少し離れた所に立っていた彼女が自分を見つめていることに気付いた。

目が合った瞬間、色んな言葉が口から溢れそうになった。

でも、はにかんだような顔を向け、小さく頷くだけで精いっぱい。

彼女はそんなYさんに頷き返し、ロビーの壁から生えている人間の腕を指差して笑った。

涙が出るほど嬉しかったものの、結局、一言も会話を交わすことなく、バスに乗り込んでいく姿を見送ったという。


彼女とはそれきりだが、その思い出だけが自分を支えてきたのだとYさんは言う。

Yさんは今年、三十歳になった。

生まれてから忘れる

Z氏は、自分が生まれてすぐの時点からの記憶があるという。

「恐ろしかったよ、目もロクに見えない、呼吸もまともにできない、言葉も喋れない上に体も思うように動かせないんだから。発狂しそうだったよ。とにかく眠って時間をやり過ごすしかねぇんだもん。俺、その時点で色んなこと考えられたし、前世？　かなんかの記憶もあったんだけど、今は『なんかあったな』ぐらいしか覚えてない。多分、そういう記憶や思考そのものを放棄しないと、あの期間はやってられなかったんだと思う。他の人たちなんてそもそも憶えてないんだろ？　それ、発狂してんだよ、人間、生まれてすぐに発狂するから、何もかも忘れて別の人格みたいになれるの。ほんとおっかねえよ、俺、赤ちゃん見てると当時のことがフラッシュバックして過呼吸起こすもの、ほんとマジで見ないようにしてる、赤ちゃん」

ぴっぴとキン消し

「何をどう話せばいいのか……」

現在四十代のF氏はそう言って頭を掻《か》いた。

「あの頃、うちの娘、まだ二歳にならないぐらいだったんだ」

そう言ってから黙り込み「うーん」とか「違うか」などブツブツ呟く。

腕組みしつつ、上を向いたり下を向いたりしながら、ひとしきり考えた様子の彼は、意を決したように「俺は昔、兄貴にキン消しを炙《あぶ》られたことがあって」と言った。

「キン消し」とは『キン肉マン』という漫画に登場するキャラクターたちを模したポリ塩化ビニル製の人形である。八〇年代初頭に子供たちの間で流行った玩具だ。

「もともと兄貴が集めてたのを、お下がりでもらってさ」

三歳年上の兄は、かなりの数のキン消しを集めていたそうなのだが、ブームが下火になるにつれ興味も薄れたのか、集めていたそれら全てをF氏に譲ってくれた。

「今見ればなんてことない子供だましみたいな造形の人形なんだけど、兄貴がくれたっていうことも含めて本当に嬉しくてね」

トーナメント表を作り、両手に持ったキン消しで架空の闘いを演じたり、旅行と称して一緒に風呂に入ったり、子供らしい想像力を働かせて毎日遊んでいたらしい。

「譲ってもらったのが小学三年生の時、それから一年ぐらい飽きもせず楽しくやってたんだけど、四年生の秋に……」

その日、中学一年生だった兄は運動会の振り替え休日のため、一人で家に居た。

「学校終わって家に帰ったら、なんか焦げ臭くて」

見れば、兄が縁側に座り何かやっている、臭いはそこから漂ってきていた。

ランドセルを置いて近寄り、後ろから兄の手元を覗き込んだF少年は、あまりの事態に腰を抜かし泣き叫んだ。

「さっきも言ったように、キン消しをさぁ、ライターで炙ってたんだよ」

譲ってもらってから一年、彼の手の上で様々な名勝負を演じ、時に笑い、時に泣き、一緒に風呂にまで入って苦楽を共にした超人たちが、炎で黒焦げにされ、なんだかわからないモノになり果てていた。

縋《すが》り付き「やめてやめて」と泣きながら懇願する弟を尻目に、兄は「これはもともと俺のモノだったんだから、どうしようと俺の勝手だ」と言い放ち、死体となった超人たちを次々庭に放り投げた。

「親がいればなんとかなったのかも知れないけど、うちは共働きだったから」

やがて、あらかた炙り終えた兄は、塾に行くために家を出た。

残されたF少年は、嗚咽《おえつ》を漏らしながら庭の死体たちを拾うと、軒下にスコップで穴を掘り土に埋め、手を合わせ謝ったそうだ。

「いたたまれないっていうか、もう見てるのも辛かったから埋めるしかなかった。しばらくの間、兄貴を殺そうと本気で思ってたぐらい衝撃的な事件だったな」

彼の兄が何故そんな無体を働いたのか、今となっては知る由もないが、思春期にありがちな偽悪的振る舞いとでもいうのだろうか？　とにかくそんな出来事があったのだとF氏は言った。

「それで、そっから二十年ぐらい経って、俺が三十過ぎの頃」

当時、既に所帯を構え、実家を離れて暮らしていたF氏には、二歳の誕生日を目前にした娘がおり、幸せな日々を過ごしていた。

その娘が、妙なことを言いだしたのだという。

「『ぴっぴ怖い』って、頻繁に言うわけ」

なんの前触れもなく「ぴっぴ怖い」と言い、F氏や奥さんにぴったりくっついてくる娘。

「『ぴっぴってなに？』って訊いても首振るだけでね、ぴっぴ怖いぴっぴ怖いって」

何かの音だろうか？　部屋のエアコンをつける際に「ピッ」という音はするが、娘がそれに反応する様子はなかった、しかしそれ以外に、身近で「ぴっぴ」に該当するようなモノは思い当たらない。

「コイツ何言ってんだろうなって、嫁とも話し合ったんだけど、さっぱりわからなくて」

ある日のこと、夕食を食べさせていると、またもや「ぴっぴ怖い」と言いだす娘。

また始まったと思いつつ、やれやれとあやし始めたF氏だったが、どうも様子が違うことに気付いた。

「それまでは、なんとなくだけど、どっか面白がってる風もあったんだ。『ぴっぴ怖い』って言いながら、俺らに抱き付いてくるっていう一連を楽しむっていうか」

しかしその時、娘は緊張を伴《ともな》う真剣な眼差しで「ぴっぴ怖い！　ぴっぴ怖い！」と焦るようにしがみ付いて来た。

「アレ、これ本当に怖がってるなって思った、嫁も慌てて『どうしたの？』って」

どうしたもこうしたも、理由などわからない、ついさっきまで大人しくご飯を食べていたのだ、娘を抱きながら奥さんに向け困惑気味に首を振るF氏、するとその胸元で不意に「ゴボン」という音が響いた。

「風呂の排水栓を勢いよく抜いたみたいな音」

と同時に、娘がF氏の膝の上で盛大に嘔吐《おうと》した。

「うわって、思って――」

瞬間、体が硬直したと彼は言う。

娘の吐瀉物《としゃぶつ》を浴びたからではない、吐き出されたその中に、あるモノを見たからだ。

「キン消し、炙られて焦げたやつ」

あの日、泣きながら軒下に埋めたはずのうち一体が、時を越え、娘の口から出てきた。

「のかどうかはわからない、わかんないけど、じゃあどこでそんなもん飲み込んだのかって話になる。全くわかんないんだ、なんでそんなもん吐いたのか」

散歩に出た道で、たまたま拾ったものを飲み込んだのだろうか？

しかし焦げたキン消しなど、今時、道に落ちているものだろうか？

「なんだったんだろうね、でも、まぁ、あるのかなぁって……」

吐き出されたキン消しが、あの日、兄に焼かれたものであるわけはないのだが、どうしてもそう考えてしまうのだとＦ氏は言う。

「そうとしか考えられないっていうか、俺の人生において、忘れられない出来事ではあったわけだから、変な話だけど納得はできるんだよなぁ」

では「ぴっぴ」はなんなのだろう？

「ごめん、そっちは全然わからん。ただキン消しが時空を超えて娘の口から出てきたんだとして、だったら『ぴっぴ』も何かではあるのかも知れない。俺か、嫁さんかはわからないけど、忘れているだけで『ぴっぴ』とも何か関わり合ったのかなと。娘はあの日以来『ぴっぴ怖い』って言わなくなったしね」

Ｆ氏の娘は現在中学生、キン消しを吐いたことも、ぴっぴのことも全く覚えておらず、元気に過ごしているとのこと。

たぶん金縛り

その日、K君は通りに面したカフェで、人の流れを見ながらコーヒーを飲んでいた。

「特になんの予定もなく、ふらっと街に出たんです」

行く当てもないので、なんとなくカフェに入った彼だったが、ぼんやりと外を眺めているうち、自分の体が全く動かなくなっていることに気付いた。

「あれ？　つって、焦りましたよ」

状況的に、完全に脳の病気だと思い慌てたと彼は言う。

「急に体が動かせなくなるなんて、脳以外ありえないじゃないですか？　俺は煙草も吸うし、酒も飲むし、油っこい食事も好きだしで、動脈硬化は進んでるだろうから」

しかし、冷や汗は出るものの、特に具合が悪いわけでもない。

脳の疾患であれば、吐き気や頭痛、意識の消失などが起こりそうなものだが、ない。

「体は動かせないですけど、それ以外の症状がないので」

ややも落ち着きを取り戻し、自分の状況を改めて分析しようと考え始めた時だったという。

「通りの奥まったところで、俺の方を見て突っ立っている人がいるんですよ」

どうも、こちらの様子を窺っている気配がある、というか間違いなく自分を見ている。

「で、一度気にし始めたら、視線を外せないんです、顔が動かせないので、どうしても視界に入ってきてしまう」

向こうの人物は、ひょろっとした丸刈りの中年男性。

何故か、ものすごい形相でK君を睨みつけてくる。

「うわ、めっちゃ怖いと思って、ナニあの人って、また焦るわけですよ」

体は依然硬直したまま、その上、思い切り睨みつけてくる人物の出現で、K君の許容量はいっぱいになってしまった。

「自然と涙が出てきました、だーっと」

身じろぎもせず滂沱《ぼうだ》の涙を流す青年の姿は流石に周囲の目を引いたのか、気付いた他の客が「大丈夫ですか?」と彼に声をかけてくれた。

「声かけながら肩を揺すってくれて、その直後に体が動くようになりました」

涙はまだ止まらない、さっきは恐怖感から、今度は安心感から。

あまりのことに腰砕けになり、うんうん頷きながら「大丈夫です、ありがとうございます」と繰り返すのが精一杯。

「わけわかんないですよね、いや、話している俺もわけわかんないですよ」

わけのわからない状況は、まだ続いた。

「店に居辛くなったので、体も動くようになったし、様子見て外に出たんです」

すると、待ち構えていたように、さっきまで自分を睨み付けていた男が目の前に出た。

動揺し、体を硬直させるK君へ、丸刈りの中年男は、

「やめて下さいよ！　街の中で、やめて下さいよ！」

と甲高《かんだか》い声で叫ぶように言葉を吐き、そそくさとその場を立ち去った。

「もう何がなんだか、むしろ何だと思います？　今の話」


もちろん私もサッパリわからないが、例えば金縛りが入眠時にだけ起こるものではなく、活動中の昼日中に起きた場合どうなるのだろうと考えていた時期があり、今回のK君の話を聞いて「あぁ、こういう感じかも」という感想は持った。

丸刈りの中年男に関しては、金縛りに付随する悪夢のようなもの、と位置付けてみたい。

いないけどいる

今から七年前の話。

Eさんはその朝、草刈りの最中、Aさんという人に話しかけられた。

七十歳は過ぎているだろうか、浅黒い肌の、活気にあふれた人物。

軽いやり取りを交わしただけではあったものの、その気さくな笑顔に助けられたと語る。

「引っ越してきたばかりで近所の方々とあまり親しくなかったこともあって、居心地の悪い思いをしていたので、ありがたいなぁと」

定年退職を機に都会住まいをやめ、Iターンした小集落。

美しい自然に魅せられ、縁もゆかりもない土地に飛び込んだ。

「妻は都会を離れたくないというので、別居して私だけ移り住みました」

築百年の古民家をリフォームし、期待に胸を膨《ふく》らませながら始まった念願の田舎暮らしは、都会のそれとは何もかも勝手が違い、面食らうことばかりの日々。

「主に人間関係、まぁ覚悟はしてたんでね、時間をかけて馴染んでいくしかないんだと言い聞かせて、とにかく頭を下げ続けていました」

そんな中で現れたAさんの存在は、農村の密なコミュニティへ入り込むための入口となる可能性を感じさせ、Eさんは大いに期待した。

「いきなり距離を縮めようとしても却《かえ》って警戒されるかなと思って、その朝は自己紹介ぐらいにとどめておいたんです、じっくり関係性を育んでいければと」

しかしその後、どうしたわけか、なかなかAさんと顔を合わせることができなかった。

集落の草刈りや寄り合いなどのたび、努めてその姿を探すも、いっこうに現れない。

「いや困ったなと、せめてどこに住んでいるのか聞けていれば、何かにかこつけて訪ねてみるなんてこともできたんでしょうけど、どこのお宅かもわからなかったので」

しびれを切らした彼は、地区集会所の清掃の際、居合わせた地元住人に声をかけ、Aさんの詳細を訊いてみた。

「そしたら皆、なんだか不思議そうな顔してるんです」

帰って来た反応も「え？」とか「あぁ？」とかいうもので、どうもおかしい。

何か問題のある人物なのだろうか？　その様子からして、触れてはいけないことに首を突っ込んでしまったのかも知れず、自分の迂闊《うかつ》さを悔やんだ。

身を縮こまらせるEさん、しかし、地元民から聞かされた事の真相は意外なものだった。

「Aさん、もともとは私の買った古民家の持ち主だったそうなんです」

その時点で亡くなってから十年以上の月日が経っており、問われたところで直ぐにピンと来る地元民がいなかったため、妙な反応になったのだという。

「その集落には、後にも先にもAさんという人物はその人しかいないということで、亡くなってはいるけれど、間違いないんじゃないかという話でした」

家を購入した縁もある、全く無関係というわけでもない。

「いやでも、そうすると私は亡くなった人物と言葉を交わしたってことになっちゃうから」

からかわれているような雰囲気ではなかったが、あり得ない話である。

あたり前のように存在感を持ち、好感すら持った人物が幽霊？

「なので、しばらくは疑ってたんですよね、信じられなくて」

その出来事から現在に至るまで、七年。

これまで、Aさんとは一度も顔を合わせていない。

「時間のなせるワザでしょうか、私もすっかり集落に馴染んだので、どこにどういう人達が住んでいるのか、完全に把握《はあく》しています」

その中に、もちろんAさんはいない。

「不思議ですよね、どう考えてもおかしいのに、もう納得するしかないんですよ」

今では晩酌の際、Aさん用のグラスも用意するという彼は、あるいはもう一度ぐらい顔を見ることがあるのではないかと、既に亡くなっている人への親近感を語った。

団地にて

東京都に在住の二十代男性、S君から伺った話。

「お婆さんの部屋は入ってすぐに廊下があって、その並びにキッチン、奥のリビングには小さいテーブル、椅子、棚、クローゼット、あとデカい仏壇もありました。整頓された部屋なのに、なぜか散らかっているように感じましたね、それで『これが孤独死する人の部屋なのかな』って思ったのを覚えています」

彼は大学生の頃に新聞配達のアルバイトをしており、その日も朝刊を配るため、普段と変わらず午前三時にその団地にやってきていた。
「大きい団地なので配達分の新聞をどっさり抱えて入口に行ったら、そのお婆さんが居たんですよ。僕の方をじっと見て来るので、新聞を待っているのかなと思って軽く会釈をした後で『何号室の方ですか?』って訊いたんですね、そしたら『私はどうしたらいいんでしょう?』と言われて」

その質問にどう答えたのか、S君は覚えていないそうなのだが、気付けば冒頭のように老婆の部屋に立っていたのだという。

「自分で歩いてその部屋に行ったのは覚えています、無理矢理上がり込んだわけではないので、恐らくお婆さんに誘われたんじゃないかな。配達も急がなきゃならないのに、どうして知らない人の部屋に上がり込んだのかはわからないです。なぜか入っちゃった後で、まず記憶として頭に浮かぶのは、さっき話した部屋の中の様子なんですけど」

彼によれば、その部屋には明かりがついていなかったらしい。

しかしそれにしては、ずいぶん詳細に内容を覚えている。

「なんなんでしょうね、冬の三時ですから普通に夜中と変わらないんですけども、どうして真っ暗な部屋の間取りや家具の位置まで覚えてるんだろう僕。あ、そうそう、ちゃんと片付いている部屋なのに、仏壇の前にトイレットペーパーが転がってましたね、そう言えば。それで、ペーパーを見ている僕の後ろで、お婆さんが『さびしいさびしい』って繰り返し呟くんです」

自身の体験談であるにもかかわらず、まるで他人ごとのようにそれを語るS君。

彼は間取りだけではなく、老婆とのやりとりも詳細に記憶していた。

「もともとは埼玉の北の方に住んでいたのに、旦那さんを亡くしたのをキッカケにT団地に引っ越して来たって。娘と息子がいるけれど、それぞれ山梨と静岡に住んでいるから中々会いに行けないし、旦那さんのお墓も遠いからお墓参りにも行けない。自分はどうしたらいいのかわからない、ここから動けないし、誰も来ないからさびしいさびしいって、そう言ってましたね」

今さっき出会ったばかりの青年を部屋に招き入れた老婆には認知症の疑いがあるが、夜中の三時に誘われるまま部屋に上がり込み、見ず知らずの人物の身の上話を長々と聞くS君には何の疑いをかければよいのだろう。

「弱ったお婆さんが相手ですから怖いとかはなかったですよ、でも結構長い時間その部屋でお話を伺っていたハズなのに、新聞の配達自体は定刻通り終えているんですね。後から考えると時間的なつじつまが合ってないんです、それは不思議、まぁ怖いとかではないですけど。え?　ああ、結局僕には何もできないんで、話を聞いた後で『それはお辛いですね、趣味とか見つけるといいんじゃないですか？』ってアドバイスしたら『どうもありがとう』みたいなことを言われました」

次の日も同じ時間に同じ団地を訪れ新聞を配ったが、その老婆の部屋がどこだったのかわからなくなっており、顔を見たのも話したのも、一度きりだったとのこと。


「え？　他にですか？　お婆さんの団地とは別ですけど、もう一つ大きな団地が僕の担当にあって、そこで赤ちゃんに話しかけられたことあります」


夕方、S君は配達分の夕刊を小脇に抱え、S団地の一階からエレベーターに乗り込んだ。

「ドアが閉まるところに駆け込んだので、中には僕より先に人が乗っていて」

黒っぽいレインコートのような服を着、目深くフードを被った人物と、乳母車に乗った赤ちゃんだった。

「ちょっとミステリアスな感じで、正直『うわッ』と思いましたけど、こっちも早く配達終わらせたいんでご一緒することにして」

軽く会釈をしたが無視されたため「閉」ボタンを押した後はドアの方を向き、天井を見上げていたと彼は言う。

「そしたら、ドアが閉まってから間もないタイミングで『五月《さつき》晴れですね』って、後ろから声をかけられたんです」

さっきは無視しておいて急になんなんだと戸惑ったが、密室で話しかけられたのに黙っているのもバツが悪い。

「なので『そうですね』って、言いながら振り返ったんですけど」

乳母車を押しているレインコートの人物は、彼が乗り込んだ時と同じように俯いており、微動だにしていない。

「おや？　と思ったら、乳母車の赤ちゃんと目が合ったんです」

すると赤ちゃんはS君に対し「風が強いですね」とハッキリした口調で語りかけてきた。

「ちょっと面食らって、また『そうですね』って」

言いながら、こんな小さい赤ちゃんが喋れるものだろうか？　と疑問に思った。

「見た感じは完全に赤ちゃんなんです、一歳とか二歳とか？　わかんないですけど」

おかっぱ頭で、女の子のように見えたとS君は言う。

「落ち着いていて、口調だけでいえば高校生とかそれ以上の年齢の人って感じ、容姿は完全にかわいい赤ちゃんなのに、発言には幼さがないんですよ、ぜんぜん」

その間もレインコートの人物は無反応、俯いたままピクリとも動かない。

「ものすごく優秀な赤ちゃんなのかも知れないし、もっと何か話しかけた方がいいのかなとか考えているうちに、僕は目的の階についたので」

乗り込んだ時と同じように軽く会釈をしてエレベーターを降りる。

赤ちゃんはそれ以上言葉を発さず、ただニコニコと笑うのみ。

「まぁ、赤ちゃんなんで、怖いとかはなかったですけど、レインコートの人はちょっと変な感じありましたね」

彼らとも、出会ったのはその時一度だけだったそうだ。

便所の薔薇

その時、F氏は切迫した尿意を抱えトイレに飛び込んだ。

お茶を飲み過ぎたわけでも、何か病気があるわけでもないのだが、それは経験したことのない強烈なもので、今にも漏れそうだったのだと語る。

「会社で、いつも通り机に座って仕事してたら急に差し込むようにきたもんだから、一瞬なんなのかわかんなくて驚いたよ、あ、これションベンだと思って、殆ど走るように便所に行った、ヤバかったね」

男性用小便器の前に立ち、用を足すべく構える。

しかし、なぜか小便が出ない。

膀胱《ぼうこう》がはちきれそうになっていることは自覚している、気張る必要すらなく、構えたらすぐに尿が出てきておかしくないほどなのに、出ない。

「下腹部が、なんか痛む感じもあって、早く出したいのに怖いみたいな、これ石でも詰まってるんじゃないかと、ションベンした瞬間にものすごい痛みが出たら嫌だなって」

小便器の前に立っている以上、もう漏らすようなことはない。

その点、安心ではあるものの、尿意があるのに尿が出ないのは不安である。

「参った、これどうしようかなと」

下腹部の切迫感と裏腹な自身の排尿機能、想定外の事態に動揺してしまい、脂汗《あぶらあせ》をかきながら、軽く飛び跳ねるなどしていると、首筋にフッと息がかかるような感覚があった。

――え？

まるで誰かが側に立っていて、焦る自分をからかってでもいるかのような具合。

立っているのは一人用のトイレ、もちろん誰もいない、いないが、その「息」がどこから来たのかはすぐにわかった。

「便器の上に、なんつーかこう、段っていうか、棚みたいになっている部分があって、そこに一輪挿しの薔薇《ばら》の花があった」

トイレにはもったいないほどの、大きく美しい形の薔薇。

息は、その薔薇が吹きかけてきたのだと直感したという。

——うわ、ゴメン。

思わず、薔薇に謝るF氏。

「いや、俺も混乱してたっつーのはある。ただ、あんまり見事な薔薇だったから、切羽詰まっていたとはいえ、気付かなくて悪かったたって思ったんだよ」

しかし普通、薔薇は息などしない。

「それは俺もわかってて、結局、アレ？　って」

虚をつかれたF氏は、排尿の姿勢をキープしたまま、左の人差し指を薔薇の花弁の真ん中に刺しこんでみた。

「うん、なんとなく、空気が出てくるとしたら真ん中かなっていう判断だったのかな、改めて考えると自分でもよくわからん」

彼の指は、そのままスポッと、薔薇の中に収まった。

「いやいや、おかしいんだよ、収まるわけないの、どう考えても薔薇よりも俺の指の方が長いんだもの、第一関節ぐらいまでならわかるけど、人差し指が全部だよ？」

長さとしては薔薇を貫通していておかしくないのだが、どういうわけか、収まってしまっている。

――ええ?

異常事態ではある、ただ、尿意の方も非常事態である。

「もう何も考えられなくなって『うわ』って、指を引っこ抜いたら、出た」

ついさっきまで頑固に出渋っていた尿が、ものすごい勢いで便器に向かって排泄される。

そしてそれを祝福するように、男子便所には薔薇の香りが広がった。

「ションベンが薔薇臭いような気もしたな、確かなところはわからんけど」

排尿後、改めて薔薇を確認した際には、息も吹かず、指も入らなかったとのこと。

蛇足ではあるのだがF氏の実家は菊農家で、幼い頃から花には親しんでいたそうだ。

謝

「まだ小っちゃい頃の話なんですけどいいですか？」

「構いません、ちなみに何歳ぐらいの？」

「四歳とか五歳ぐらいですね、まだ小学校に上がる前」

「はいはい」

「ただ私自身、その記憶はないんですよ」

「小さい頃の？」

「いえ、小さい頃の記憶はあるんですけど、今からお話しする内容に関しては全然覚えてないんですね。なので親に聞かされた話なんです」

「私、ご近所の家に一人で行って『ごめんなさい』って、謝る子供だったそうで」

「何か謝るようなことをしたんですか？」

「違うんです、何もしてないのに勝手に謝りに行っていたらしく」

「ん？　それは、ご近所を一軒一軒廻ってたってこと？」

「ある特定のお宅にだけ出向いていたようです」

「んー？　どういうことなんですかね？」

「憶えてないのでわからないんですけど、親の話だと、近所の○○さん家の玄関を勝手に開けて、たたきで黙って土下座してたとか」

「土下座？」

「そうです。それで驚いて声かけて来たその家のお婆ちゃんに『ごめんなさい、ごめんなさい』って泣きながら謝ったという」

「なんなんですかね、それ」

「一度や二度じゃなく、何度も同じことを繰り返していて、うちの両親だけじゃなく、○○さんの家でも困ってしまったみたいで」

「そりゃ困りますよね、五歳児が玄関で土下座してたら」

「なので私が勝手に入らないように玄関の鍵を閉めるようになったって」

「ああ、田舎は普通開けてますもんね、家に人がいる時」

「そしたら今度は○○さん家の居間に面した庭で土下座かまし始めて」

「地べたに？」

「砂利が敷かれた庭です、砂利の上に」

「痛いじゃないですかそんなの」

「我慢してたんでしょうね、脛《すね》から血を流していたこともあったと聞いています」

「ちょっとこう、普通ではないですよね」

「ですよね、私もそう思います」

「ご両親は？」

「もちろん一人で外に行かないように気を配っていたそうなんですけど、どういうわけか出て行っちゃう。最終的には夜中に家を抜け出して、○○さんの家のガラス窓叩くまでに」

「ええ？」

「それで、出てきた○○さん一家の前で『ごめんなさい』と言いながら泣くっていう」

「迷惑越えて怖いですよ、そんなの」

「流石にうちの両親も参ったようで『なんでそんなことするの』って、かなり強めに私を問い詰めたそうなんですね」

「五歳児を」

「五歳児を。『なんでお前は人の家に謝りに行くんだ』と」

「ご両親も切羽詰まっていた感じしますね」

「はい、○○さんの家からも『親がやらせているんじゃないか』とか『子供使って嫌がらせですか』とか、ものすごい苦情があったみたいです、通報するぞって」

「そりゃそうですよね、子供ですもん、親だろとは思っちゃう」

「最初は穏便に済ませてくれていたのがシャレにならなくなってきて」

「両親に本気で詰められる五歳児」

「そしたら、その場で私『○○さんの家、燃やしちゃったから』って、わけのわかんない弁明を始めたらしく」

「五歳児が?」

「五歳児が『火つけたから、燃やしたから』と」

「もちろん燃やしてないですよね?」

「燃やしてないです、ただ」

「ただ？」

「○○さんのお宅、私が生まれる二年前に火事で全焼しているんです」

「ほんと？」

「不審火ということになっていますが、まぁたぶん放火だろうと」

「犯人は？」

「捕まっていません、幸い亡くなった方はいなかったそうですが」

「いやはや」

「うちの両親、その火事のこと知っているので」

「うわ」

「なんかその時の私、子供らしくない顔で喋っていたって言うんです、母によれば」

「まぁ、子供が喋るような話でもないですしね」

「それで、あんまり気持ち悪いものだから、思わず手が出たって」

「叩いた？」

「はい、かなり思いっきり、平手で頬っぺたを」

「……」

「その直後、私、ハッとした顔をして『なんで叩くの』と大泣きしたって」

「強く叩かれれば、そうだよね」

「その日以降、ぱったり謝りに行かなくなったっていう、そういうお話です」

「子供叩くのは良くないけど、お母さんの気持ちもわかるように思います」

「全く覚えていないので、初めてこの話を聞かされた時は、自分のことなのに他人の話を聞かされてる感じでした。うん、気持ち悪いですね、自分事ながら」

しましま

現在五十代の会社役員T氏は、子供の頃から反骨精神に溢れる人物であった。

両親祖父母はもちろんのこと、学校の先生や先輩にも容赦なく自分の考えをぶつけてきたし、その上で納得のいかないことを強要されそうになれば断固闘ってきた。

「うん、何も悪いことしてないのに頭下げるとか嫌なわけ」

社会常識に照らし合わせてみればT氏の方に分が悪いような出来事であっても、論理的思考を巧妙に駆使し決して引かない、認めない。

「意地を通すっていうかね、人生なんて、言ってみればそれだけなんだから」

故に、神様仏様に心から手を合わせたこともない。

「そんなもん、誰かにとって都合のいい方便に過ぎないだろう、信じたいヤツが信じればいいだけ、俺から見れば、なんの価値もないよね」

彼の実家はとある神社の氏子の家系であり、何世代にもわたって神様をお祀りする役目を立派に果たしてきた。

「ガキの頃なんか酷かった、朝っぱらにたたき起こされたかと思うと、頭から水ぶっかけられて、大人と一緒に長《なげ》ぇ石段上ってさ、しかも冬だぜ」

神事である、多少無茶なものである方が霊験はあらたかなのであろうが、拝殿に向かって頭を下げる大人たちの中にあって、T少年は決して自分からは頭を下げなかった。

「見えもしない、実態もないものに畏《かしこ》まったってしょうがねぇだろう、馬鹿馬鹿しいよ」

祖父や父親は、そんな彼を見るや髪の毛を掴んで力ずくで頭を下げさせた。

まだ小さかったT少年は、その力に抗《あらが》うことができず、悔しい思いをしたと語る。

「オヤジやジジイに何言ったって通じねぇもんだから。奴らがかしずいてる神様とやらをおちょくってやろうと思ってね。『燃やす、絶対燃やすから、その前に罰《ばち》当ててみろ』と」

黙して腹の中で神様に対する呪詛《じゅそ》を吐き続け、なんとか留飲を下げる日々。

「存在しないものに何を言ったって仕方ねぇんだけど、当たりどころがなかったからな」

高校生になると、大人に力負けすることはなくなった。

その上、学業は優秀、スポーツは万能、人を惹き付ける魅力まで出てくる始末。

ただ、人格だけは変わることなく、子供の頃のまま。

「親は手を焼いてたんだろう、何を言ってこられても言い負かせたし、親父と取っ組み合いになっても投げ飛ばしたし、今考えれば気の毒だ」

神社への勤めに関しても、親が強制力を働かせることは不可能になっていた。

ある日、話し合いの場が設けられたという。

「俺がちゃんとしないと、家としての面目が立たないってさ」

古くから土地に根付き、周辺の家々の本家でもあったT家は、神事に関しても責任ある立場にあり、それはやがてT氏に受け継がれるはずのものだった。

「当然、言い合いになるわな」

その晩、素朴な信仰心を基に感情論で話を進める両親を、高校生のT氏は論理的に、反論が出なくなるまで淡々と追い詰めた。

具体的には、以下のようなことを繰り返し話したそうだ。
・神様という存在は地域のコミュニティを維持していくために設けられた「機能」であ

り、なんら人格のようなものは持たない。故に身を切って奉仕するなど無意味である。
・T家がそれを率先してやってきたのは、土地における自分たちの立場を盤石《ばんじゃく》なものにするためのパフォーマンスであり、それは「信仰」の皮を被った政治的な行為である。
・自分は高校を卒業した後、この家を出て行く、二度とここで暮らすことはない。つまり神事のような茶番を通して、地元コミュニティへの政治的貢献をする必要がない。

「『○○様』なんて呼んでさ、本来『機能』でしかなかったものを、いつの間にかキャラクター化して弄《もてあそ》んでいるわけだよ、挙句、自分たちで作った設定に使いっ走られてんだから、呆れるしかねぇ」

話し合いの終わり、父親は「情けない」を連呼し、母親は泣いていたらしい。
翌年の春、T氏は大学進学のため宣言通り家を出、現在に至るまで東京で暮らしている。

※

そもそもの発端は「俺にはなぜか夜空が縞《しま》模様に見えるんだ」とT氏が述べたことだっ

た。

それは「何か不思議な体験はありませんか？」と訊ねた私への返答だった。

「大学に入ったばかりの頃、ふと夜空を見上げたら黒とグレーの縞模様になってて驚いたな。最初は光の加減なのかと思ってたけど、それから今までずっとそうだから、自分でも不思議に思ってんだ。田舎に住んでた頃は普通に真っ黒だったんだけどな」

夜空一面が、黒と明るいグレーの縞模様に見えると言う彼。

病院で様々な検査を受けたこともあるそうだが、原因は不明。

果たしてそんなことがあるのだろうか？

個人的な視覚の問題であるため、どうあれ身体的な機能異常の線が濃いとは思うが、それがなんらかの怪異であると仮定した場合、一体どんな経緯があり得るのだろう？

興味を持って彼の来歴を聞き、その原因としてふさわしいと感じた部分を先述した。

それが神罰なのかなんなのか、もちろん私には判断できない、意味もわからない。

ただ、故郷を棄ててからというもの、毎晩毎晩、鯨幕のような夜空に覆《おお》われるという彼の世界に、怪談的な面白味を感じたのも事実である。

T氏は私の解釈を聞きながら、

「これがバチっていうんなら、俺は死ぬまで認めないね。認めなければ夜空のデコレーションに過ぎねぇんだからよ」

と笑った。

開かずの間とウサギの人形

東京都在住の四十代男性、S氏より伺った話。

今から三十年ほど前、冬の時期、北海道札幌市近郊でのこと。

その日、S君は中学の友達数人と、近所の廃屋を訪れていた。

「なんとなく歩いていたら着いてしまっただけで、特に用事とかはなくて」

元々は官公庁の宿舎だったらしいのだが、打ち捨てられて何年も経っている様子のそれは、降り積もった雪に埋もれるようにして、ひっそりと佇んでいる。

ぼんやり眺めているうち、どうにかして中に入ってみようという話になった。

「正面玄関は鍵がかかっていて開かなかったから、どこかないかなと探して」

結果、うず高く側面を覆っていた雪を足掛かりに、廊下の窓から侵入することに成功した。

足を踏み入れた廃屋の中、木造長屋造りのそれは、大分傷んでいた。

気を付けて進まないと、腐った廊下の床を踏み抜いてしまいそうな荒れ具合。

かといってせっかく入った手前、何もせずに外へ出るのもつまらない。

「長い廊下があって、それに添うように部屋が七つ八つあったから」

それら部屋全てのドアを開けながら、一室一室確認していく。

室内には殆ど何も残されておらず、古い新聞紙や、剥がされた畳などがあるだけ。

「何も無いねって言いながら、作業みたいに見て回ってたんだけど」

一ヶ所だけ、妙な部屋があった。

「まずドアが、釘みたいなのでガッチリ固定されてて、開けられないのね」

中学生が複数人で力を合わせても、ビクともしない扉。

「仕方ないから、そのドアに小窓がついてたので、中を覗いたんだけど」

なぜか部屋の真ん中に、大きなウサギの人形が置いてあった。

「あれ、ウサギある、って」

他の部屋と同じような雑然とした六畳間に、場違いな存在感。

S君一行は、当然興味を持った。

「こっち開かないなら、表の窓から入ろうってことになって」

いったん外に出てから、ぐるりと廃屋を回り、開かずの間の窓側へ。

最初に侵入した時と同様に、積もった雪を踏み固めながら窓へにじり寄る。

「そしたらさ、最初に中を覗いた奴が『うわっ』って声出して」

続いて室内に目をやったS君も、思わず唸った。

「さっきまで押しても引いても全然動かなかったドアが、開いてたんだよね」

部屋の真ん中に座っていたウサギも、廊下にはみ出すように倒れている。

他の面々もその様子を確認すると、口々に驚きの声をあげた。

「ドアの小窓から覗いた時は、中に誰もいなかったしさ」

隅に隠れていたのだとしても、彼らが目を離したのはほんの数分。

「仮に誰かいたにせよ、あれだけガチガチに固定されてたドア、どうやったって直ぐには開けられないと思うよ。鍵かかってたんじゃなく、釘打たれてたんだから」

身をもってその不可能を知っていた一行にとって、その光景は全く不可解だった。

結局それ以上深追いすることなく、解散したという。

「起こったことだけで言えば、固いドアが開けられてて、部屋からウサギの人形が廊下に出てたってだけの話なんだけど、なんか色々おかしいんだよね、今思い出しても」

その建物は既に取り壊されており、現在は本屋が建っているそうだ。

格上げ

二十代の女性Rさんには、A君という小中学校時代の同級生がいた。

「会社で仕事をしていた時に、ふと思ったんですよね。そういえばAが小学校の頃に遊具から落ちて怪我したことがあったなって」

田舎の小さな学区だったため小学校も中学校も同級生は同じ顔ぶれ、そんな中、A君とはクラスメイトとして多少の接点があったぐらいで、殆ど会話をした覚えがなかった。

「彼は運動も勉強もパッとしない内気なタイプの男の子でした。高校卒業後、引き籠りになったらしく、成人式にも顔出さなくて」

Rさんにしてみれば、そもそも関係性が希薄な上、中学の卒業以来一度も会うことすらなかった人物、思い出す意味など全くない。

「なので、どうして急に彼のことを？　って自分でも不思議ではありました。ただその日は悠長にそんなこと考えていられないほど忙しかったので」

すぐに頭を切り替え仕事に没頭し、それを思い出したことすら忘れた後、夕方。

「会社が終わって電車に乗り込んだ時に、またAが頭をよぎるんです」

小学校時代、調理実習の際に包丁で芋を切ろうとして自分の指を切り、泣きながら保健室に連れていかれる姿。

「自分でもよく覚えていたなってぐらいの出来事で」

調理実習では別の班、保健室へ連れて行ったのも誰か別な子だった。

どう考えても、今思い出す必然性が全くない、無意味な思い出。

「そういえば昼間もそうだった、何か記憶のトリガーが引かれるようなことあったかなぁとか、思いはしましたけど」

それにしてもどうでもよすぎる、考えたところでしょうもない。

しかしその晩、ベッドに入った時点で、彼女はまたもA君のことを思い出す。

「中学の時、運動会の練習中に転んで手首を折ったとかで、Aがギプスをして学校に来てたことがあったんですね、その時の様子がこう、パッパッと写真が切り替わるみたいにフラッシュバックして」

あれ、これなんかおかしいぞと、彼女は妙な気持ちになった。

「単なる小中学校の同級生、友達ですらないのに、どうしたんだろうと」

まるでA君の存在を顧《かえり》みることを強制させられているように感じたとRさんは言う。

「私にとって、日に三回も思い出すような人間じゃないんですよ。でも、だからこそ変だなっていう」

虫の知らせなどということもある。

ただ、仮にそうだったとして、だから何なんだという気持ちしかない。

「あれ、もしかして死んじゃったりしたのかなって、そんな想像はしましたね。まぁ仮にそうだったとしても、葬儀に出向くなんてことはあり得ないんですけど」

妙ではあったが、妙である以上の意味を持たないA君の存在は、眠気によって更にどうでもよいものとなり、彼女はそのまま眠りに落ちた。


次の日、朝。

「あ、A死んだなって、起きた瞬間に」

何か夢でも見ていたのか、なぜかそのような確信と共に目覚めたRさんは、枕元のスマホを手に取り、地元の友人にメッセージを送った。

――誰か亡くなった同級生いない？

名指しで訊くことはしなかったものの間違いない、死んだはず。

するとまもなく「朝っぱらから縁起でもないこと言わないでよ」との返信。

「あ、じゃあまだ発見されてないんだって思いましたね、すごく自然に」

その日の夕方近くになって、今度は友人からメッセージが入った。

「『今日の朝、Aが自殺したみたいだよ』と。私が変な連絡入れたせいで気味悪がってて」

付き合いがあったのか？　何か原因を知っているのか？　など、根掘葉掘聞かれたが、当然、付き合いもなければ原因も知らない。

「不用意なことしちゃったなと反省しました。そりゃそう思いますよね」

面倒くさくはあった、けれど自殺した同級生の存在がその日のうちに知れ渡る田舎の連絡網、あらぬ噂を立てられたのではたまらない。

Rさんはその友人に対して、自分の身に起こった「虫の知らせ」について全て話し、なんとか納得してもらえるよう試みた。

「そしたらですね、友人が『AはRのことが好きだったからね、最後にお別れしたんだね』って言うんです。私、初耳で」

心の底からどうでもよい人間であり、異性としてどころか同級生としても全く相手にしていなかったため、意表を突かれたとRさんは語る。

「そうですね、誤解を恐れずに言えば『気持ち悪い』と思いましたね。好意があったのなら直接言うべきだったと思います、もちろん付き合ったりはしませんけど、ありがとうぐらいなら言ってあげてたかも知れないし」

まるで当てつけのように、死ぬ間際になって超間接的な自己主張を叩きつけてきたのだとすれば、Rさんにとっては迷惑以外の何物でもない。もっとも、悲しいことではあるが。

「いや悲しくもなんともないですよ、これって『察してくれ』ってことですよねつまり、知るかって。こっちは仕事も忙しいし疲れてもいるのに、これから自分で死ぬ人の相手させられたわけですから、もう『どうでもいい』から『嫌い』になりましたね、彼のことは」

どうだろう、A君にとってはむしろそれで良かったのかも知れない。

こうやって話してもらえるぐらいには、Rさんに認知されたのだから。

ピカピカな子供

Gは二十歳の頃に急性アル中で死にかけた。

「運ばれた病院で呼吸が止まったっつってましたね、親は『仮に助かったとしても後遺症が残る可能性が高い』って説明されてたみたいなんで、文字通り死にかけっすわ。なんで、あれから一滴も酒飲んでないっす」

医者の治療が良かったようで、幸い身体的な面で後遺症らしきものは残らなかったが、どういうわけか、それから妙なモノを見るようになった。

「まぁ、なんつーんですかね、幽霊？　なのかな、どうなのか分かんないっすけど、とにかく見えることは見えますよ、色の変わった人とか、手の平サイズの小人とか、あとなんかわけわかんないやつ、小魚の入った水槽が街中に浮いてたり」

例をあげてもらうだけでキリがなくなるので、今まで見た中で一番強烈だったものを教えて欲しいと頼むと、以下のような話をしてくれた。

「そん時、俺は公園のベンチに座ってたんすよ」

友人との待ち合わせに遅れまいと早めに家を出たところ、小一時間早く着いてしまったため、ベンチで休憩していたという。

「そしたら、歩いて来たんですよね、たぶん夫婦。女の人のお腹が大きくなってて、その手を男の人が引くようにして、笑いながらゆっくり」

小春日和の公園で仲睦まじい様子の男女は、Gに軽く会釈をすると、彼が座っている向かい側のベンチに腰かけた。

「ああどうも、なんつって、知らない人たちでしたけど、感じのいい夫婦だなと」

ただ、その傍らに、妙なモノが見えていた。

「なんかねぇ、光ってるオッサン、素っ裸で、あばら骨が浮いたような貧相な体つきしてんのに、ピカピカなんすよね。うわ、何か変わったの見えるなぁって」

ピカピカの男は、妊婦をしきりに気にする素振りを見せ、その腹を何度もノックするように小突いていたらしい。

「おいおい止めろよって、思いましたけど、俺は見えるだけなんで、どうしようもないんすよ。でも、ああいうのが人にちょっかいかけてるの珍しいんで、気になって」

不審がられないように、それとなくチラチラ視線を送りながら夫婦の様子を観察していたGは、突然出て来たソレを見て、思わず声を出しそうになったと語る。

「妊婦さんの腹のなかから、これまたピカピカした子供が顔出したんす、ピョコっと」

年の頃は二歳前後、胎児よりは大分成長しているようだった。

「それがこう、車の整備士が声かけられて車の下から顔出すみたいな感じで『はいはい何ですか?』って風にやってるんで、いや可愛いことは可愛かったです」

すると、ピカピカの男は、ピカピカの子供と何かやり取りをし始めた。

「野球で、キャッチャーがピッチャーにサイン送るじゃないすか? あんな感じっすね、こうやって手を動かして、頷いたり首振ったり」

やがて話がまとまったのか、ピカピカの子供は妊婦の腹から完全に外に出た。

ピカピカの男はそれを確認すると、ちょうど側を通りかかった別な女性を指差す。

「その子供、つるっとその女の人の中に入って行きました」

ピカピカの男も、その女性の後をついて、そのままいなくなったそうだ。

唖然《あぜん》とするGの前では、夫婦が笑い合いながら幸せそうに時を過ごしている。

「いや俺それ見てたら泣けて来ちゃって、なんだこれって」

立ち上がり、彼らを見ないようにしながら、足早にその場を去った。


「いやまぁ、どうも死んでるっぽいなって人は何度も見てきましたけどね、まさか生まれる前の子供まで見えんのかと、いやまぁホントのとこはどうなのかわかんないっすよ、でも妊婦の腹の中から出て来たわけですから、ハイ。あれ、嫌だったな、ピカピカの男も子供も、なんかすげぇ心無い感じで、あの夫婦の気持ちとか全然考えてなかったように見えたんで、ホントに。あれ強烈でしたね、良いとか悪いとかじゃねぇんだなっていう、果物とか、そういうのの木みたいなモンっつーか、いや、俺らがね、そんなもんなんだなって、思って、嫌でしたね」

憑き纏い

それは、刺しこむように突然やってきた衝動だったとSさんは言う。

「本当に、いてもたってもいられなくなったんです」

その日、上司に有休申請を叩きつけ、彼女は仕事終わりを待ってバスに飛び乗った。

目指したのは修験道で有名な、とある山。彼女の家は修験者を先祖に持つといい、その山は遠い祖先が修行を行った場所だと伝わっていた。

子供の頃に祖父からその話を聞いて以来、ずっと興味はあったものの、これまで行こうと思ったことなど一度もなかった、それなのに、なぜか急に行きたくてたまらない。

着替えも、化粧品も持たず、ホテルの予約すらしていない見切り発車での出発。

「必要なものは買えばいいし、なんなら野宿してでもという気持ちでした」

焦がれるような思いに耐えつつ、長距離バスを乗り継いでいく。

途中の街で一泊した後、更にバス移動を繰り返した末、彼女はその山の麓《ふもと》に辿り着いた。霊山として信仰の対象となっているため、参道が整備されており、上りきった先には大きな祭殿もあるらしかった。

「ものすごく期待していたのを覚えています」

案内用のパンフレットによれば、祭殿までは車か徒歩かで二つのルートに別れている。時間がかかるのを覚悟の上、徒歩で石段を上っていく道を選び、歩き出したSさんだったが、結局、祭殿を拝むことはなかった。

参道を歩き始めて殆ど間もなく「それ」と出会ったからだ。

「大きな杉の木でした、それを見た時に『ああ、これだ』って」

幹回りは八メートル以上、高さに至っては三十メートルを超える、まさに巨木。

「辿り着いた瞬間、落ち葉を巻き上げるように、ぶわーっと、つむじ風みたいなのが巻き起こったんです。それで、私、きっとここに呼ばれたんだって感動して、涙まで出てきて」

自分自身の降って湧いたような思い付きに運命的な意図を感じ、巨木の下、立ったり座ったりしながら、その姿を堪能していたSさんだったが、やがて、それを自覚した。

「背中、ずっとザワザワするんです、誰かいるような気配がして」

幾度となく振り返ってみるも、その場にいるのは彼女ただ一人。

「でも全然怖くないんです」

ご先祖様か、あるいは巨木の精霊か、目には見えない何かが自分を見守ってくれていると感じ、むしろ嬉しくなったと語る。

「ああ、本当に来てよかったって、ものすごくリフレッシュして」

その後、帰途についたSさんには、目に入る風景の一つ一つが輝いて見えた。

「まるで、今まで色のない世界に住んでいたのかと錯覚するほどでした」

生まれてから二十数年、これまでなかった充実感を覚えつつ、帰宅。


「それから私、ものすごく調子が良いんです」

目を輝かせながらそう語る彼女は、以来、妙な体験を重ねてもいる。

「こっちに帰ってきてからも、ずっと私の背後に何者かの気配があるんですね」

夜、床に就いた後などは、部屋の中に誰かが立っているように感じ、なかなか眠れない。

怖いからではなく、気持ちが昂《たかぶ》るからだと彼女は言う。

「ついこの間は、枕元に男の人が立っているのを見ましたよ」

全身を見たわけではなく、逞《たくま》しい脛から下が目に入った。

どっしり構えたその足元に、安心感すら覚えたそうだ。

また、近頃では、昼間、錫杖《しゃくじょう》を振るような音も聞こえだしたとのこと。

「シャン、シャン、って、まるで『俺はここにいるぞ』と教えてくれてるみたいに」

その存在感があまりにも頼もしく、また自身の身の回りを片時も離れることがないため、何をやっても失敗する気がせず、これまで引っ込み思案だったのが嘘のように積極的に振る舞えるようになったと語る。

「ただ、アクティブになり過ぎたせいか疲労感が強いんですよね。ずっと覚醒している感じもあって夜もあまり眠れないから、早く体をこの状態に慣らさなきゃって思ってます」

体を鍛えるため、ジムへの入会手続きも済ませたという。

※

以上は、今から三年前にSさんから伺った体験談。

これは本当なら「立チ腐レ」という私の前々著に載せるはずの予定でいた話である。

当時、Sさんは自分の体験が文章化されることを楽しみにしており、書きあがったら初稿段階のものを誰より先に読みたいとのことで、私も快諾していた。

しかし脱稿後、メールや電話で彼女に連絡を取ろうとしても一切反応が無く、ギリギリまで待ったものの梨の礫《つぶて》であったため、掲載を見送る判断を下すしかなかった。

人様の体験談を書かせてもらっているのだから、話を提供して下さった方の希望にはできるだけ添うようにしてきた、それはトラブル防止の観点からも必要なプロセスだ。

良い話であっただけに残念だったが、どうあれ彼女との約束が最優先である以上、諦めざるを得なかった。

ではなぜ今回載せることができたのかといえば、Sさんから連絡が来たからだ。

聞けば、連絡が付かなかったあの頃、彼女は交通事故によって、体に大きなダメージを負っていたという。それによって齎された心境の変化は、彼女自身にとっても扱いかねるような強烈なものであったらしく、怪談話になどかかずらっていられなかったとのこと。

謝罪の言葉と共にそう伝えられた私は、改めてSさんに体験談の掲載許可を乞うた。

すると、彼女は、先述した話の後日談として、事故後の話をし始めた。

ここから先は、狭義の意味では怪談と呼べない内容である。

不思議なことは何一つ起こらず、幽霊も妖怪も出てこない。

ただ、事故を経た彼女が至った境地は、本著へ収録するにふさわしい内容だと判断した。

本人の許可の元、下記を記す。

※

「自転車に乗っていたら、後ろから車に追突されたんです。そのまま道路に投げ出されて、起き上がれなくなったんですね。結果的に脾臓《ひぞう》と腎臓の損傷、右肩脱臼骨折、右膝膝蓋骨《しつがいこつ》骨折、全身打撲かな、不幸中の幸いは頭の怪我が軽かったことぐらい。ただ、今でも頭痛やめまいは酷くて、天気が悪い日なんかは動けなくなることもあります」

「もちろん事故そのものは辛かったですよ、未だにリハビリに通っているぐらいなので。でも、それ以上に『どうして事故にあったのかな』と、ずっと考えていました。私、守られていたはずなのにって。やっと人生が楽しくなってきて、日々が充実し始めた矢先でしたから。ああ、そうですね、前回お会いしたの、ちょうどその頃でしたね」

「うん、病院のベッドで、体の痛みも忘れてそればっかり考えていました。私の背後には、私を守ってくれている存在がいるのに、どうして追突なんてされたんだろう、何で守ってくれなかったんだろう。ちょっと知らせてくれるとか、たまたま別な道を通りたくなるよう促してくれるとかすれば、事故なんていくらでも避けられそうなものなのに」

「おかしいおかしい、どうしてどうして、と、考え続けて、でもいくら考えても、それらしい理由が出てこない。それで、ある日ふと思ったんです『そんなもの、最初からいなかったんだ』って。誰かが守ってくれてたなんて本当は無くて、私が勝手に思い込んで、自分で作り上げただけの、ただの妄想だったんだって」

「その時は、スッキリしたような気持ちでした。答えのない問いかけを繰り返す必要もなくなったし、なぁんだ、でもそうだよねって。そんな、ちょっとお参りしたぐらいで、人生が変わるとか、普通に考えればあり得ないことぐらい、わかっていたはずなのに……だけど、そうまでしなきゃ生きられなかったんです……ずっと辛かったから」

「あの日、バスに飛び乗った日。私、仕事で大きなミスをしていました。それで周りの人達に迷惑をかけて、ものすごく落ち込んで。そしたら先輩が『ちょっと何日か会社休んだら?』と言ってくれて、その瞬間ですよね、何もかも人任せにして、逃げてしまおうって思ったの。それで有給の申請して、上司は私の顔も見ませんでした」

「心が変な状態になっているなって、最初は自覚していました。自覚はしていたんですが、そうまでしてしまった以上、会社に戻るには何か覚悟が必要だったんです。逃げっぱなしじゃなく、ちゃんと自分で引き受けられるようにならなくちゃって。どういう形であれ、もっと強く、前向きになれる理由がなければ、それが見つからないなら、死ぬつもりでした」

「私、欲がないんです。子供の頃から、何か欲しいとか、誰かに好かれたいとか、こうしたい、ああなりたい、そういうのが一切ない。だから生きる意味とか、本当にわからなくて、ただ流されるように、毎日毎日誤魔化《ごまか》しながらやってきてたんです。なので、ぜんぜん頑張れないんですよ、何も。気持ちの土台がないので、踏ん張れない」

「ずっとそうで、何をやっても楽しくなくて、楽しくないから頑張れなくて。人付き合いも得意じゃないから、孤立しがちでしたし、同い年ぐらいの女の子を見てても、何だか雲をつかむみたいな存在感で、私とは違うんだなって、ただ寂しくなったりして。だから冗談でもなんでもなく、嫌になったら死んでしまおうって考えてはいたんです、いつも」

「でも、そんなんだからダメなのかなって。だから、無理に踏ん張ろうとして、空回って、自分なりに何とか頑張ってたのに、それ自体が仕事ではミスだと判断されて。もうどうしたらいいかわからなくなってたんです、本当に。だから、死ぬか生きるか、最後の最後、その判断すら、行き先に委ねていました」

「もしあそこで何もなければ、あの日が私の命日になるはずでした。そんな心境だったんですよ、だから、あの杉の木を前にした時、背中がザワザワして、ぶわーっと風が吹いた時、私、本当に救われて、まだ生きてていいんだなって、その意味も理由もわからなくても、ただ生きてていいんだなって、人生で初めて背中を押された気持ちになりました」

「ええ、そうですね、結局、死にたくはなかったんです、ダメだったら死ぬしかないとは思っていても、死にたくはなかったんです、私。あの瞬間、自覚したのはきっとそういうことで、死にたくないんだから生きなくちゃと、開き直れたんですよね。偶然の力を借りて。そう思えたからこそ、それそのものを、妄想的に形にして背負ったんです、無意識に」

「だから背後にあった気配も、夜に部屋で見た足元も、何度となく聞こえた変な音も、全部、私がそう思っていただけ、幻覚だったんです。でもその力を借りて生きやすくなったのは事実で、ようは自分を自分で肯定していただけなんですけど、それだけで職場でも頑張れたし、もっと今まで経験したことのないこともしてみようとか、ちゃんと思えるようになって」

「その時の私には『ただ開き直れただけの自分』と『開き直れただけの理由』しかなくて、『開き直れた理由』はただの偶然ですから、いくらその偶然を妄想的に身に纏《まと》っても、そんなものが私を事故から守ってくれるはずもないんです。浮かれていた分、注意力も散漫になっていたでしょうし、かえって危ないですよね」

「事故に遭って、ベッドの上で考えて考えて、それでやっと、今まで話してきたことを自覚できて、泣いて泣いて、スッキリはしたんです。したんですけど、結局、そうなると、私には生きている理由なんてないんですね。開き直りの開き直りで、結局元に戻ったというか。それで、うん、だから、これが絶望なんだなって理解しました」

「あの杉の木に会いに行く前の私は、無自覚に絶望していたんだと思います。それで、あの日、杉の前で、初めて希望のようなものを見つけたものの、結局事故に遭って、その希望が偶然と思い込みによるものだったんだとわかりました。ぐるっと一周回って、それまで無自覚であったそれを自覚して、これ本当に絶望だったんだって、改めてわかったんです、私」

「でも不思議ですよね？　じゃあなんで死んでないんだって思いませんか？　絶望したんなら、生きていても意味がないなら、おまけに事故の後遺症まであるんだから、すぐに死んでしまえばいいですよね？　私。どうして生きているのか、不思議じゃないですか？　教えてあげましょうか？　どうして、まだ私が生きているのか」

「それは、これって私だけじゃないからなんです。考えてみれば皆一緒なんですよ。私以外の皆も、本当は絶望しているんです。それに無自覚なだけなんです。これは比喩でもなんでもなく、当たり前に人は死んでしまうものでしょう？　何をどうしたところで、死んでしまうんです。私も、皆も、小田さんも。いつか必ず死ぬんですよ、絶対に」

「どうせ死んでしまうのに、何で皆苦しい思いをして頑張ったり、泣いたり笑ったりしてるんですかね？　死んでしまえば虚無ですよ、何も無くなってしまうのに、全ては無意味なのに。ふふ、つまりですね、私のキッカケは杉の木でしたけど、他の皆さんも、同じように、いつかどこかで出会った偶然と妄想によって生かされてるだけなんです」

「だってどうせ死ぬんですから、生きる希望なんて、どうあれ偶然の力を借りた妄想のそれでしかないですよ、でもこれ、自覚できないんですよね、それが最初からあると思っている人たちには、なかなか自覚できない。自覚しそうになると、必死で頑張るんです、それを直視しないように、別のことに置き換えて、頑張って頑張って逃げるんです」

「これまで私が出会ってきた人、出会って来なかった人、父も母もお祖父ちゃんもお祖母ちゃんも学校の同級生も先生も、会社の同僚も上司も、その辺のお店の人も誰も彼も、最後には死んでしまうんです、必ず。なのにどうして今、笑ってられるんですか？　私が言っているのはそういうことです、知っているけど、自覚してないんです、自分が死ぬって」

「だから、私は生きていることにしました。もうプラスもマイナスもないんです、人間ってそういうものなんです、それ以上を考えるのは、単に妄想。時々偶然がそれをあたかも必然にみせることがありますけど、それはどうしたって偶然です、皆、勝手にそれに意味付けしているだけ、死から、虚無から逃げるために、無意味を解釈しているだけ」

「だから私、もう全然辛くないんです。むしろ人間本来の在り方に気付けた自分を誇りに思っています。あとは死ぬまで無意味に生きるだけ、終わりが今日であっても明日であっても構わないです、だって人ってそういうものなんですから。そんな悲しそうな顔で見ないで下さい、さっきも言ったように、小田さんだって同じなんですよ？」

「皆、自覚がないだけで、生まれた時からずっと『それ』に付き纏われているんです、絶対に振り切れないんです、振り切れないから、見ないように、自覚しないように頑張っているんですね。もう楽しいも嬉しいもないですけど、そういう皆さんを見ているのは微笑《ほほえ》ましくて、頑張れ頑張れって思います。『生きる』って『そういうこと』なんだと、思い続けていられるうちは幸せですからね。私にはもう無理ですけれど」

※

あまりにも迷いのない独白だった。

彼女は否定するが、事故前の体験との関連も疑われるし、また彼女の言う通り、そういうものかも知れないとも思う。

どうあれ、私はある種の戦慄とともにこの話を聞いていたことを付記しておく。

もしも彼女の弁に共感し、それを飲み込みそうになった読者の方がいらっしゃるなら、そんな貴方にこそ本著を捧げたい。

あとがき

一年以上ぶりの御無沙汰となりました、小田イ輔です。

まだ予断を許さないとはいえ、コロナ禍も落ち着きをみせてきた昨今、読者の皆様はいかがお過ごしでしょうか？

私はと言えば、インターネットを利用したボイスチャットアプリを生活に導入し、そこでの会話に入り浸《びた》っております。

複数人を相手に連日連夜、下手すると朝まで、自分でも驚くほど喋りまくり、去年の今頃には全くの他人だった沢山の人達と知り合い、仲良くなることができました。

そうして培《つちか》った関係性を怪談の収集へとスライドさせた結果、様々な方から体験談の提供を頂くことができ、大変助けられた格好です。

新型コロナウイルスによる生活の制限によって「もうしばらく怪談集めるのは無理」と

まで思いつめていたところ、蓋を開けてみれば思いもよらぬ大漁を迎え、人間万事塞翁が馬とでも申しましょうか、本当に何がどう転ぶかわからないものですね。

前著のあとがきで「リモートでのコミュニケーションはキツイ」などと泣きごとを申しておりましたが、飛び込んでみれば思っていたのとは違う状況が広がっていました。

何事も、適応できるかどうかはやってみないとわからないのだなと、当たり前のことに気付かされ、気持ちを新たにした次第。

とはいえ、それはそれとして、実際に現地に赴き、直接お会いした方からお話を伺うという本来のスタイルも恋しいもの。

今回は黒木あるじ先輩をお誘いし、短いながら愉快な時間を過ごした上、初の金縛りに遭うなど、自分でもビックリするような経験も積みました。

今年不惑を迎え、柄にもなく老後のことなど考えるに至り、そろそろ人生も手仕舞いの時期かと考え始めていましたが、世界はまだまだ広がっていきそうで、胸が躍ります。

怪談本のあとがきにしては随分前向きな内容になってしまいました。

まぁ、空元気であっても、前を向かなければやってられないようなご時世ですので、実際は良い事より悪い事の方が多いです、なんとかかんとか、やっていければなと。
読者の皆様もどうかご無事で！　またどこかでお会いできれば幸いです！

二〇二一年一一月　小田　イ輔

追伸　ずっと助けられっぱなしで申し訳なく、足を向けて眠れないほどお世話になりました担当編集のN女史に、一日三回の土下座と心からの感謝を！

怪談奇聞　憑キ纏イ

2021年12月6日　初版第1刷発行

著者……………………………………………………………………小田イ輔
デザイン・DTP ……………………………………荻窪裕司(design clopper)
企画・編集 ………………………………………………中西如(Studio DARA)

発行人…………………………………………………………………後藤明信
発行所………………………………………………………………株式会社 竹書房
〒102-0075　東京都千代田区三番町８－１　三番町東急ビル６Ｆ
email：info@takeshobo.co.jp
http：//www.takeshobo.co.jp
印刷所……………………………………………………………中央精版印刷株式会社